失落的智慧

赵凯波 著

深圳出版社

图书在版编目（CIP）数据

失落的智慧 / 赵凯波著. -- 深圳 : 深圳出版社,
2023.10
ISBN 978-7-5507-3796-9

Ⅰ. ①失… Ⅱ. ①赵… Ⅲ. ①墨家②《墨经》—研究
Ⅳ. ①B224.5

中国国家版本馆CIP数据核字(2023)第054341号

失落的智慧
SHILUO DE ZHIHUI

出 品 人	聂雄前
责任编辑	陈 嫣
责任技编	梁立新
责任校对	黄海燕
封面设计	龙墨文化 0755-83461000

出版发行	深圳出版社
地 址	深圳市彩田南路海天综合大厦（518033）
网 址	www.htph.com.cn
服务电话	0755-83460239（邮购、团购）
设计制作	深圳市龙墨文化传播有限公司（0755-83461000）
印 刷	深圳市新联美术印刷有限公司
开 本	889mm×1194mm 1/32
印 张	7
字 数	137千
版 次	2023年10月第1版
印 次	2023年10月第1次
定 价	35.00元

目录

导　言

　　有时候，对天马行空的思想者来说，哲学史是一个比哲学本身更困难的题目。哲学像一朵鲜花、一株香草，或者一棵昂然挺拔的乔木，是某种强劲生命力的表象，是现实的、活生生的。但有阳光雨露在，不愁大地不常新。哲学是精神和思想生长的结果，哲学史则截然不同，它就像残骸和化石，或被偶然发掘，或被有意识收集研究，暗示着已不存在的生命和消逝的过去，也承载着现实活动造成的干扰与异化。虽然这些残骸和化石力图向仍然存活的生命彰显自己的地位和价值，但真正连接两者精神生命的基因，却无法靠辛苦发掘整理或修订宗谱使之持续强大。若将哲学视作鲜活的生命、常葆生机的花园，哲学史就犹如尴尬多余的存在，往往是对内在生命力加之的外部塑造与禁锢。

　　但是，没有哪个自以为自由的哲学家能真正摆脱哲学史的影响，就像没有哪个自以为天生神力的大力士能抓住自己的头发把自己提起来一样。哲学家在思想的传承中思考，在历史潮流的激荡下提出新见，好比生命天然继承了先代的遗传基因，又因为环境的变化而不断创造和演化。哲学家所不能摆脱的这种哲学史，正是哲学史家孜孜不倦发掘和研究、希望能最后复原和再生的理想哲学史，而不是那种仅仅存放在博物馆和档案室供人缅怀和摆弄的死物件与假证明。

从这种意义上来说，或许中国没有发达的哲学史，对历史上那些曾经被冷落的哲学和哲学家未尝不是一件幸事。一个思想史上明显的对比：儒墨作为先秦齐名的显学，其学派传承在后世有完全相反的历史命运。孔子创立的儒家学说自汉武帝"罢黜百家，独尊儒术"起，就是历代王朝统治思想的主流，而被大规模发掘利用与开发。历朝历代出于需要，对儒家学说和孔子思想做出了各种粉饰，使对其真正理解成为一件困难且冒险的事。与之相反，墨家学说自秦汉之后几乎湮没不传，其创始人墨子也乏人问津，但也因此避免了种种扭曲、粉饰，反倒让后来的学者更容易直接得见墨家学说和墨子思想的真容。

相比于墨子本人的思想，其后学著作《墨经》所隐藏的思想意蕴，就更像中国思想史中几乎被原封不动保存和遗忘到今天的宝藏。这样的宝藏被遗忘，固然与墨家学说在后世的落寞有关，但也是曲高和寡，阳春白雪不如下里巴人，璞玉终于被世人弃之不顾所致。《墨经》是中国古书中少有的难解之书，历史上同样难解的书或许只有《易经》能与之相比。但《易经》作为六经之首，历代注解可谓汗牛充栋，而历史上尝试全面注解《墨经》的却寥寥可数，几近于无。《易经》难解而人人欲解，《墨经》难解而乏人愿解，这或许也展示了传统思维方式上的某种特质。

说两千年来少人能懂的书可解，就像说濒临灭绝的物种可以再兴。但随着环境和时代的变化，濒危物种又因为某种原因重新繁盛起来，并非绝不可能的事，对于思想来说更是如此。星星之火，可以燎原，思想之火需要的只是适合它燃烧的辽阔莽原，而这样的莽原本来就是时代的一部分。从历史的大背景来看，今天的时代在某些方面非常类似《墨经》成书的时代，可能是一个重新理解其书并且恢复其生机和价值的黄金窗口。比如，今天一个懂点初高中物理知识的人，很容易理解《墨经下》19 至 25 诸条讲的光学、26 至 29 讲的力学。而稍微懂点逻辑学的人也可以看出《墨经》全篇常见的逻辑思维和应用。曾经让古人懵懂难解的天书，含义原来那么明显甚至平常，按照这种思路，全面而系统地重新解释和发掘《墨经》的内容就不是太难的事了。

这样做的前提条件是像理解其中的光学、力学或逻辑学一样，对《墨经》所讨论的其他内容也有一个基本的了解。有这样的认知基础，才能够很清楚地看出《墨经》原来涉及认识论、伦理学、心理学，甚至包含非常纯粹的物理学、几何和数学，有中国哲学史中少见的系统的方法论和知识论。当然，对《墨经》这样的理解也必须跳出中国思想史传统的儒墨道法门户之见，摒弃那种既狭隘割裂又暗中勾连的混乱思维，把今天全球化大潮流下各种思想文化全方位的沟通和融合作为一个新的背景。理解《墨经》需要理解中国先秦时的社会和思想背景，也要借鉴今天所知全人类的思想成果，尤其是长期相对于中国思想独立发展的西方哲学和哲学史的成果。

所以，这本书主要是用类比的方法完成的，虽然偶尔也有作者自由和随性的补充和发挥，但本书与其说是为了弄清楚《墨经》到底论断了什么、给了我们什么教益，不如说是想显示《墨经》的作者曾经关心过什么、思考过什么，以及他们是如何思考的。也就是说，这本书不刻意追求细节上的证据确凿、意见上的是非分明、观念上的明确无误，而力求从一个更大的视角展示墨家学者的风采——他们有一种和中国大多数古人不同的精神面貌，却在全世界的思想家中有如此众多的知音和同道。如果这种对比的方法会令人觉得墨家更像我们习以为常的西方哲学家，这其实正是以往的哲学史给大众制造错觉的一个后果。作者坚信所有真正的思想家都有某种相似之处，也坚信本书所复现的更接近传说中墨家思想的真实面貌，这种信念也因清朝以来考据家和研究者辛苦着实的工作而具有相当的事实上的保证。

作者仅仅满足为墨家哲学勾勒一幅粗线条的写意画，其实也有一点面对实际困难时藏拙的无奈。《墨经》涉及的各种哲学论题，每一个领域到今天都已经有了长足的发展，每一个题目可以说都经过历代哲学家无数艰辛的思考、细致的分析和繁难的辩驳。要想把这所有的内容哪怕稍微全面地叙述，不是这样一部专门聚焦墨家哲学的小书能够完成的。所以，作者在对比中选择的材料难免挂一漏万，观点或者取舍偏颇，偶尔的发挥更是妄断过多，论据不足。不过，如果了解了这本书的性质，希望宽容的读者能对这些脱略放浪的驽钝之举一笑置之。如果有人因此而真正对书中的题目产生兴趣，要跟作者的言论较真，建议直接去读一读书中提到或者未提到的哲学家的原著，以免作者断章取义斧凿太过之讥。

第一章
儒家传统的千年假想敌

——墨家与《墨经》

一、墨家传说

话说这一天，贾政因想着宝玉年纪也大了，老太太要给他定门亲，该先查考查考他功课，免得将来没出息，不能光耀门楣不说，也糟蹋了人家女儿。于是叫人唤来宝玉，问他，跟着师父讲了两个月书，到底开笔作文章没有。

《红楼梦》这一段，写的是明清学子钻研八股文应试科举的实况，颇为有趣。当时宝玉回答，一共作了三篇文。前两篇《吾十有五而志于学》《人不知而不愠》，今天稍稍翻读过《论语》的人还都不陌生，而第三篇《则归墨》，名字乍听起来颇有点不知所谓。宝玉在文中写道："夫墨，非欲归者也；而墨之言已半天下矣，则舍杨之外，欲不归于墨，得乎？"从来不愿意说儿子一个"好"字的贾政看了这文笔义理，也难得地点了点头，似乎觉得可以暂免糟蹋人家女儿之忧了。

宝玉这最后一篇及格的八股文，泄露了中国思想史的一件大公案。从《论语》《孟子》《大学》《中庸》这四书中选一两句命题，能作得好八股就可以博取一辈子的功名利禄，这是科举制发展到明清时候的最后形态。宝玉文章的命题出自《孟子·滕文公下》：

> 圣王不作，诸侯放恣，处士横议，杨朱、墨翟之言盈天下。天下之言不归杨，则归墨。杨氏为我，是无君也；墨氏兼爱，是无父也。无父无君，是禽兽也。

孟子是公元前四世纪人，孔子之孙子思的再传弟子，也是后来统治中国思想界近两千年的儒家中被尊为"亚圣"的人物。如果我们不把这段记述仅仅看作意气之争或者满怀偏见的牢骚，则似乎孔子之后儒家思想曾经有过一段消沉期，当时中国思想界更流行的是杨朱和墨翟的学说。杨朱、墨翟何许人也，竟然曾经一度掩盖过圣人的光辉，使得孟子认为他们乱言惑世，使天下人几乎沦于无父无君的禽兽之伦。历史中相关资料实在太少，《列子》中有《杨朱》篇，里面谈到杨朱的主张：

> 古之人，损一毫利天下，不与也，悉天下奉一身，不取也。人人不损一毫，人人不利天下，天下治矣。

平心而论，这观点视乎不能简单看作"为我"，只是与孔子一贯强调的伦理礼制与积极入世的人生态度截然不同，是对个人、国家、天下之价值和关系的另一种看法。杨朱的学说今天无法详考，他的思想明显偏于老庄，所以历来被看作道家一个消失了的支派；又因为儒道之间复杂的纠葛和互动，实际上以另一个名目流传下来了，而且成为影响后世中国人性格特点的一种隐蔽而强大的力量。比如贾宝玉，虽然也被改造得颇善于作圣贤文章，他的思想和行为方式本质上却是杨朱式的。

而墨翟则完全不同。墨翟即墨子，先秦史料中关于他的资料颇为不少，经过近代以来的研究已基本可以对其生平和学术思想勾勒出一个轮廓。墨子出生时孔子大概刚离世，早于孟子百年左右。他年轻时求学于孔门弟子，但是颇有自己的独立观察和思考，使他不愿轻信孔子传下来的教诲。墨子本人是当时很优秀的工程技术专家，长期的实践工作使他具有一些朴素的科学思维方式，所以他才能坚持自己的思想，由此也开创了一个完全不同于孔子的学派。墨家思想在先秦的影响之大，哪怕在孟子如此激烈排斥和攻击之后，仍然不改其势。直到秦王朝统一天下之前不久，在《韩非子·显学》中还有记录：

> 世之显学，儒、墨也。儒之所至，孔丘也。墨之所至，墨翟也。自孔子之死也，有子张之儒，有子思之儒，有颜氏之儒，有孟氏之儒，有漆雕氏之儒，有仲良氏之儒，有孙氏之儒，有乐正氏之儒。自墨子之死也，有相里氏之墨，有相夫氏之墨，有邓陵氏之墨。故孔、墨之后，儒分为八，墨离为三，取舍相反不同，而皆自谓真孔、墨，孔、墨不可复

生，将谁使定后世之学乎？

这段记载应该是战国时代儒墨思想长期分庭抗礼的一个实录。然而，从此之后，中国思想史却发生了今天看来仍然匪夷所思的变化，如此轰轰烈烈的墨家学派，自此突然消失不见了。直到现代的两千余年里，墨家所代表的思想，仍然是一种被普通人遗忘和仅供专家研究的失落的智慧，远远没有在中国人的思想和思维方式中体现其应有的作用和价值。墨家思想是如何式微的，仅仅是由于统一帝国的压迫与排斥吗？历史上并没有明确的记载，反而可见"焚书坑儒"之类对儒家的严厉打击措施。尤其诡异的是，儒家不但从系统性的打击中走了出来，最终还取得了中国帝制时代唯一统治思想的地位，而墨家却几乎完全中绝。从秦汉开始，研究过甚至认真读过《墨子》一书的人寥寥可数，这和儒家经典传注浩如烟海，历代不乏人皓首穷经形成了显然不同的局面。

墨子及其墨家传人到底说了什么，是否其思想也同某些道家思想一样被儒家巧妙地同化和吸收而以另一种形式流传下来，以至于完全没有所谓"失落"，所以也谈不上重新发现和利用呢？如果问宝玉或者那时候的普通读书人，墨翟说了什么，做了什么，为什么使得孟子如此激愤，哪怕宝玉们天赋异禀，恐怕除了那俗套的"兼爱""无父"之类的叫骂，也就瞠目不知所对了。如果再去请教一个对这段儒墨相争公案有所关注的饱学硕儒，也许可以多了解一些详情。所谓"墨子兼爱"，其实只是墨家十论的一种简单说法，他们这著名的十项主张，"尚贤、尚同、兼爱、非攻、节用、节葬、天志、明鬼、非乐、非命"，今本《墨子》五十三篇里都清楚明白写着。他们和儒家之间这些道德伦理和社会政治观念上的对立冲突虽然复杂，细心的思想史家却也不难根据现存的资料理出一个头绪，广博而稍微有点独立思考的学者更不难对此做出大致评判。比如韩愈这个著名的孔孟卫道士，在其《读墨子》中也不得不为墨家说了几句公道话，虽然不免存在以孔视墨的狭隘，难得的是评价还算中肯：

> 儒讥墨以上同、兼爱、上贤、明鬼。而孔子畏大人，居是邦不非其大夫，《春秋》讥专臣，不上同哉？孔子泛爱亲仁，以博施济众为圣，不兼爱哉？孔子贤贤，以四科进褒弟子，疾殁世而名不称，不上贤哉？孔子祭如在，讥祭如不祭者，曰："我祭则受福"，不明鬼哉？儒墨同是尧舜，同非桀纣，同修身正心以治天下国家，奚不相悦如是哉？馀以为辩生于末学，各务售其师之说，非二师之道本然也。孔子必用墨子，墨子必用孔子；不相用，不足为孔、墨。

道家在学术和思想问题上一向喜欢和稀泥，庄子却评论儒墨各"是其所非而非其所是"，可见其矛盾不可调和。一向对异端外道恨不得"人其人，火其书，庐其居"的韩愈，却说"孔子必用墨子，墨子必用孔子"，不觉得他们有什么大不了的分歧。这种观念上明显的变化，不是因为墨子的思想变了，而是因为社会变了，唐朝时候的人已经感受不到春秋战国时社会结构巨变带来的那种观念上的激烈冲突，反而觉得墨子的观念颇可同情，没必要再大张挞伐。事实上，墨家十论中的主要思想，的确早已被秦汉的思想家和帝国缔造者们悄悄吸收了。至高无上的皇权、统一的中央政府、整个官僚系统的选举考试制度，不就是"尚同、尚贤"思想的实际形式？孔子是名义上的胜利者，而墨子却是真正洞察社会历史走向，而且率先给出了切实解决方案的人。

然而，墨子思想在秦汉和儒家合流只是事情的一个方面。儒墨之争好比两个人刚开始往不同的方向出发去追求远方的光明，起初还彼此相望，互相争吵和劝诫，希望另一个人能迷途知返。久而久之，则各自渐行渐远，终于再无音讯往来，更别谈互相交流和理解了。中国历史后来的解释权全在儒家手里，他们眼中的墨家自然只是沿着墨子道路刚出发时的那种墨家，对于墨学发展一两百年后的思想已经是语焉不详，偶尔可见的记载也充满误解和敌意。如果墨子的思想智慧能够不受干扰地发展一两千年，沿着墨子的道路最终会步入什么样的天地，这图景恐怕更远远超过他们那贫乏的想象力了。

即使在墨学事实上中绝一两千年之后，这样的思考也并不是完全无谓。虽然主流思想的控制权通常很容易为某一些人或某一学派掌握，但是让所有人都按统一模式思考或者干脆停止思考，毕竟是很难的事。战国后半期，中国思想界依然处在百家争鸣时期，各种不同来源的记载让我们不难对后期墨家的活动有所了解。比如《庄子·天下》这种中国最早的哲学史评论就如此议论后期墨家：

> 相里勤之弟子，五侯之徒，南方之墨者若获、己齿、邓陵子之属，俱诵《墨经》，而倍谲不同，相谓别墨。以坚白同异之辩相訾，以奇偶不忤之辞相应。以巨子为圣人，皆愿为之尸，冀得为其后世，至今不决。

有两个变化很明显。其一，此时墨家尊奉的是《墨经》，而前期的十论似乎已经退而居其次；其二，他们关心的问题不再是儒家一直纠缠的道德伦理政治规范，而是用一些"奇偶不忤"奇奇怪怪的话，讨论一些"坚白同异"莫名其妙的问题，尽管他们讨论的很多问题最后也没有一个结论。简而言之，他们已经很像传说中真正的哲学家，当然也是一些常人无法理解的思想者。

逝者已矣！既然他们的思想在当时就已经少为旁人理解，今天更难通过现存一鳞半爪的记载去详细了解那些意气飞扬的辩论者各自的观点，我们只知道中国思想史上确实有一段属于他们的时代。幸运的是，《墨经》几乎原原本本被收录到《墨子》一书中，成了今天重新全面了解后期墨家思想一把关键的钥匙。虽然墨者独特的智慧和思维方式因为某些原因暂时失落，但这个世界上真正智慧的种子总会在合适的环境里生根发芽，开花结果。然后有一天，哪怕远在异域他乡，你突然在路上遇到一个陌生人，看见他手捧着芬芳诱人的鲜花和佳果，似曾相识，不禁让你想起很久之前那个分道扬镳各奔前路的故人。

二、《墨经》的前世今生

《墨经》今天一般指《墨子》书中《经上》《经说上》《经下》《经说下》《大取》《小取》六篇。把它们看作单独的一个整体，或许有《庄子·天下》的影响，也是因为从内容来看，它们明显是一个和《墨子》中其他部分，甚至和先秦百家之学的绝大部分都截然不同的存在。

有一件事现在不得不承认，如果没有外来思想的刺激和启发，《墨经》可能至今不会得到关注，即使在中国已经全方位接触、了解和研究了世界，尤其是西方各种和中国传统迥然不同来源的哲学、科学、宗教、伦理和文化之后，我们对《墨经》中深藏的智慧和可能具有的价值仍然知之不多。自墨学在秦汉失传之后，有没有人真正读懂过《墨经》，也堪存疑。先不谈其中深奥的哲学思辨以及独具一格的结构安排，仅其文本因为长久以来传抄中的错讹与误改，就几乎无人能解。史料有记载第一个给《墨经》作注的是晋朝的鲁胜，距墨学失传已经五百余年。历史中关于鲁胜的记录同样不多，而且他的注书也早已失传，可能在当时就没有多大影响。这部注书只留下《晋书》中转录的一篇《墨辩注叙》，其中写道：

> 自邓析至秦时名家者，世有篇籍，率颇难知，后学莫复传习，于今五百余岁，遂亡绝。《墨辩》有上下《经》，《经》各有《说》，凡四篇，与其书众篇连第，故独存。今引说就经，各附其章，疑者阙之。又采诸众杂集为《刑》《名》二篇，略解指归，以俟君子。其或兴微继绝者，亦有乐乎此也！

魏晋时佛学已经开始在中国广为流传，和两汉儒学完全不同的名士清谈也渐成风气，鲁胜当然会受到当时学风的影响。鲁胜是一个非常自负的天文学家，和通常那些皓首穷经的儒家经师或者新崛起的玄谈派都不一样，他敢于和有兴趣研究《墨经》，已经反映了一些在思考方式上的不同取舍。不过鲁胜仍然摆脱不了秦汉以来思想的局限，比如他把《墨经》改称《墨辩》，简单剿袭汉人成说，把墨家看作一些仅善于察名析理，游谈夸胜的辩士，对其更为深刻的智慧却无一语道及。

当人们徜徉于繁华灿烂的百花园中，很容易从眼前万紫千红、千姿百态的花果看出每一种草木的不同；可是对于即将播撒的种子，或是刚刚露出地面的嫩芽、弱不禁风的幼苗，不是细心的行家就很难清楚区分其彼此的差异。

或许我们不能苛责"略解指归，以俟君子"的鲁胜，只能说他的时代还远远不是花开的时候。等到《墨子》和《墨经》再一次被重视，已经是首次西学东渐之时。明末清初的学者傅山专门注释过《大取》，并将之与佛教义理比较研究，阐明其中的逻辑学要旨。清代在考据学风鼓动之下，也有一些学者陆续系统研究《墨子》。到十九世纪下半叶，考据学大师孙诒让以十多年之研究，综合前人所得及个人创见精心训诂修订，终于将一本两千年来错讹纷乱无数的《墨子》整理得大致人人可读。然而，对于其中最重要的《墨经》，孙诒让却不敢说理解发明其中蕴藏的真正智慧。不过，孙氏已经敏锐地觉察到《墨经》中诱人的宝藏和开启的钥匙，他在《答梁卓如启超论墨子书》中，勉励后学和同志继承研究此书的重任：

> 尝谓(《墨经》)揭举精理，引而不发，为周名家言之宗，必有微言大例，如欧士论理家雅里大得勒（亚里士多德）之演绎法，培根之归纳法及佛氏之因明论者；惜今书讹缺，不能尽得其条理。

传统国学大师向学贯中西的新学界代表人物如此叮咛嘱托，正是因为这本"赅举中西，邮彻旷绝，几于九译乃通"的古书，仅凭儒家传统下继承的那点学问思想，已经无法全面研究了，尤其是其中的逻辑思维，更为中国人两千年来所欠缺。无独有偶，二十世纪初墨学研究的另一位代表人物胡适，他在美国读哲学博士时的毕业论文《先秦名学史》以及后来所著的《中国哲学史大纲》中，也将《墨经》中的"名学"，也就是逻辑的研究作为最重要的内容，并且毫不吝惜溢美之词，称之为"中国古代第一奇书"。

西方思想和学说的传入，最受瞩目的自然是与中国传统思想中截然不同的部分，如基于第古体系的天文学、基于欧几里得体系的几何学，以及逻辑学。十九世纪的墨学研究者已经普遍认识到，《墨经》中涉及力学、光学、几何、逻辑和论辩等诸方面的研究和讨论，与流入的西学颇为近似，却与两千年广为流行的传统思想甚是不同。按传统的见解来说，力学、光学甚至数学几何都是太专门的技巧，是那些专务功利的工匠和技师的"方术"，不能算传统的"大学之道"。只有逻辑，虽然长久以来不被国人重视，却因为尚有先秦"名家"一脉，似乎更为近"道"，所以，从鲁胜开始，到傅山、孙诒让、梁启超、胡适一直持续到今天，研究《墨经》中的逻辑学几乎成了中国思想界一种矫枉过正的潮流。

但是，从人类思想的发展和知识的进步来看，传统的"道""术"之辨，在今天未必再是一个亟待解决的问题。已经有越来越多的学问从哲学中被区分出来成了专门的学科，比如古代哲学家非常关心的宇宙论被归入了物理学，人性论或者伦理学更多地成了心理学、生理学或者政治学社会学的研究对象。而对于逻辑，最相信逻辑之力的罗素曾经直言，逻辑一经建立以后就和哲学无关了。以此看来，哲学正像一种元逻辑和元数学，也可以说是各门的元科学，是一种启发和产生所有知识学问的智慧源泉。因此，再把对《墨经》的注意力放在某一专门学问上，甚至希望从中重新发现和建立一种类似学问，比如一种独立的中国逻辑学，都难免会遭遇削足适履的痛苦，并且招来刻舟求剑买椟还珠的讥评。

那么，在各种专门之学早已发达到远超古人认知，在人类的力量和活动都迈向另一个广阔新天地的时候，再来研究《墨经》这种早已被遗弃或者失落的智慧，再来和古人纠缠天与地孰高、彼与此孰非、梦与觉孰真之类的问题，还有什么意义吗？答案或许是不言自明的，因为能考虑到"意义"，这本身就是哲学及《墨经》这种真正的智慧之书价值所在。当然，前提是先能了解这本书到底说了什么。

三、《墨经》的结构和内容

孙诒让评《墨经》"揭举精理，引而不发"，这实在是非常独到的见解，其不足只是后面那句"为周名家言之宗"，受了当时时代思潮和现实需求的影响，仅仅把这种引而不发着重在"名学"一面，以至于后来学者都顺着这条路，花了太多精力去阐发其中关于逻辑学的微言大义。

现在看来，《墨经》中引而不发的精义是全方位的，并不仅仅是墨家站在其学派观点或者时代视角下的简单思考，而是涉及先秦时中国思想界关心的所有论题，也几乎是人类思想家长久以来争论不休的所有问题。举一个和通常所谓哲学似乎无关的例子，《经下》有且只有两条有关经济学的命题，"买无贵"和"贾（价）宜则售"，看起来平平无奇。但是结合《经说下》的解说稍微推敲一下，这简单两句话实际上对比阐述了商品和货币相互价值的复杂变化和自由交易的不变原则。现代不同的经济学派固然在如何提高生产效率、刺激和拉动消费，以及政府是否该干涉资源配置的方式或者深度介入经济活动等众多方面提出过各种不同理论和方案，但是如果问所谓经济活动到底是什么，哲学家的回答更简单明了，那就是买卖双方需求的自由交换。

可以毫不夸张地说，《墨经》就是一部中国最早的哲学百科全书，这从其独特结构就已经体现出来了。《墨经》六篇，最重要者是《经上》，由近百条简单的定义组成。这些定义按今天的标准可以明显分为认识、伦理、心理、社会、语言、政治、物理、几何、数学、逻辑以及知识论和方法论等不同类别。也许一个现代哲学家来重新编写此书，对书中这种安排的权重次序会有一些不同的意见，会修改和增删一些定义，但是如果说有什么明显需要加入的新门类，恐怕就很难了。

在所定义概念的选取上，《墨经》的选择几乎体现了一个现代哲学家的素养。我们可以想象，这种定义集如果是儒家来写，第一个需要定义的可能是"仁"，而道家当然先要讲"道"，虽然定义概念这种工作根本就不符合儒道们的哲学。而墨者第一句不谈人生的意义，也不谈宇宙的起源，只是慎重写下了一句大白话，"故，所得而后成也。"胡适曾经夸赞说《墨经》全书没有一句迷信和鬼神，《墨经》的作者如果听到，可能会觉得这种赞美没有挠到痒处。《墨经》的思想不仅已经完全摆脱了鬼神迷信，而且与后来纠缠了中国思想家们很久的形而上学和道德说教等混乱概念也完全无缘。《经上》虽然定义了"仁""义""忠""孝"等概念，但是其思考方式明显已经超越早年儒墨相争时的认知。对后来思想界的新动向和一些轰动一时的新论题，墨家都表示了关注并记录了自己更深刻思考之后的意见。比如关于先秦儒家内部那著名的孟荀"性善"与"性恶"之争，《墨经》中没有关心什么是"善"或"恶"，却写下了这样一个最简短而奇怪的定义："行，为也。"对于当时思想界同样一度叱咤风云的道家阴阳家，"道德阴阳精气太一"等等名号，《经上》更是一个字也没有提到。《墨经》满篇记录的是另外一些现代哲学家更感兴趣的概念，比如"条件""部分""整体""感知""理智""德性""行为""时间""空间""运动""变化""离散""连续"，还有那些更进一步的思考，关于名称和定义的"名"与"谓"，区分和归类的"同"与"异"等等。

《经上》完成了必要的定义，《经下》则是一些根据这些定义和其他已知原理知识推出的重要命题。定义是为了让所有的讨论有一个清晰明确的基础，命题则是墨家为获得新知识而迈出的试探性的第一步。在一个坚实可靠的基础上，按照一些严格有效的思维或者发现原则，就可以把人类的知识大厦一步一步建立起来，《小取》中对于这种思想和方法有一段专门的阐述：

> 夫辩者，将以明是非之分，审治乱之纪，明同异之处，察名实之理，处利害，决嫌疑焉。摹略万物之然，论求群言之比。以名举实，以辞抒意，以说出故。

"名"是定义，"辞"是命题，"说"则是对命题的详细解说和推理过程，"以名举实，以辞抒意，以说出故"就是《墨经》基本的结构和思想方法的概括，而这种方法本身，是来源于辩者长期运用语言和思维相互交锋的实践成果。虽然在当时，墨家还没有把这种说理方式严格形式化，但是我们今天完全可以合理地予以发展补充。试举一例，《经下43》命题"知而不以五路，说在久"，结合《经上40》定义"久，弥异时也"（久，通宇宙之宙），可以写出一个近代形式的推理论证如下：

命题：不是所有知识都来源于五官的感觉。

证明：据定义 40 "久，弥异时也"，久或宙，是指包含所有部分时间的全体时间。人可以有时间的观念和对时间无穷的想象或认知，但眼、耳、鼻、舌、身等五种感觉器官都

不能直接感知时间，更不可能感觉到无穷时间。

所以时间不是直接来源于五种感观的知识。

故知而不以五路，命题得证。

单看这论证内容，不能不让人想起洛克在《人类理解论》中对时间这一观念来源的著名讨论，也不难理解为什么康德会把人对时间和空间的认知想成一种奇怪的"先天直观形式"。如果考虑《墨经》全书这种定义、命题、论证的结构，西方最早对这一方法的实践要数欧几里得著名的《几何原本》。欧几里得先是定义了一些基本的几何概念比如点、直线、圆等，然后设定了几条人类直观明显能够接受的原理作为公理和公设，再利用严格的演绎推理证明了几百条不是那么显然的命题和定理，建成了人类最早关于纯粹空间的知识大厦。虽然欧氏的定义和推理中有一些逻辑漏洞被后来的数学家做了补充，但是他的基本思想已经随着《几何原本》的流传被广为接受和应用。西方近代哲学的开山人物笛卡儿，他写了《按照几何学的方式安排的证明神存在、灵魂与形体有区别的理由》。笛卡儿所谓的神，以及神赋予人类心灵的一些基本原则，就是他认为可以用来发现全部人类知识的基础。受欧几里得和笛卡儿方法的影响，斯宾诺莎仿此体例完成了他的代表作《用几何学方法作论证的伦理学》。今天现代数学和逻辑中公理化方法的巨大成功，已经证明这种古老的思想在关于形式或结构的知识系统中的威力。相比于欧几里得把研究范围限定在完全形式化的空间关系上，《墨经》涉及的领域实在是太庞大了，其获得成功和效果的难易程度自然不可同日而语。而且要实现《墨经》那种包罗万象的理想，要给知识的形式或结构中注入现实的内容，显然不能光凭形式逻辑的推理，必须还要有在现实世界中发现新知识的可靠方法。

亚里士多德认为三段论是发现知识最有力的工具，这也奠定了欧洲近两千年尊崇演绎逻辑的传统。而培根则对之嗤之以鼻，认为来源于实践的归纳法，也就是在现实世界的观察和实验中总结规律才是获取新知识的唯一途径。对比一下《几何原本》，《经下》的内容显得非常驳杂，有辩者的论辩，有观察的心得，也有实验结果的详细记录和总结，还有纯粹逻辑的论证。考虑到当时的认知、方法和技术的限制，这自然也使其推出的结论有更多的含糊、不确定甚至错误。但是，墨家似乎从来没有亚里士多德和培根那种各执一词的态度，一开始就把演绎和归纳当作同一类方法和一个整体来全面讨论。《小取》是墨家论述方法和逻辑的专门论述，其中总结的关于逻辑推理的一些基本规则"或、假、效、辟、侔、援、推"等，既有演绎推理，也有归纳推理，并且明确指出了归纳推理所导致的或然性，使用时要非常小心。演绎和归纳的重新统一，必然和或然的困难抉择，其实今天仍是摆在逻辑学家、数学家和哲学家面前的一个现实挑战。

和中西历史上很多名动天下又影响深远的哲学家不同，现在甚至无法考证《墨经》的作者究竟是谁，是个人，还是集体。这本书明显带着墨子的烙印，是墨子思想一个合理而神奇的发展结果。《经上》《经下》的内容言简意赅包罗万象，不经过集体智慧的讨论和精心编排，几乎不大可能。《经说上》《经说下》希望对《经》做更详细和清晰的说明，但似乎作者的水平不足以完全领略《经》的思想，解说常常不得要领，发挥不出其中最深刻的思想，甚至偶尔有些生拼硬凑的痕迹。《大取》《小取》又像是前四篇的一个总论，是同一个规划内不可分割的整体，尽管今天可见的文本仍然有很多混乱和错漏之处。如果说《小取》专论发现知识的方法，那么《大取》则主要讨论利用知识的原则，归结为一句话，"利之中取大，害之中取小也"。虽然墨家这种貌似功利主义的态度一直以来就是专讲仁义道德的儒家君子们攻击的靶子，但严谨而又睿智的墨家辩者可能早已不把某些批评者当作合格的辩论对手了，除非他们先去认真思考过"仁""义""利""害"这些约定俗成套话的严格定义。

第二章
突破因果、本原和天道看世界

——墨家认识论

一、寻找原因，还是创造条件

哲学是什么，每个时代都有自己不同的回答。当某些灵长类动物每天黎明开始有意识地关注东方天际那个如期出现的大火球，哲学就已经在自然界萌芽了，一度几乎风靡全人类的太阳神崇拜，只是这种"哲学"的一种自然表达。第一个把大地想象为由一只巨龟背负着在太空遨游的人是一个浪漫的思想者，而那些后来互相争论不休的盖天说、浑天说、日动说、地动说，最终都是思想的光辉照耀下历史长河转瞬即逝的小浪花。想象宇宙无始无终，无边无际，当然也可以刺激反对的理论，设想宇宙其实也有开端和终结，有一个最初因、造物主，或者创世大爆炸。远古的哲人初次大胆猜测世界由水或者火构成，之后有五行说、四大说、元气说、原子说，再多的理论变体以历史的眼光看来也显得有些平平无奇。哲学，可以说就是一些古老的问题在各个时代不同的回声，各种不断突破和创新的思考。当然，对于同一个论题，到底孰先孰后，谁启发了谁，或者以某种标准来说谁看起来似乎更正确一点，这永远是一部哲学史可以争论的问题。哲学史，乍看起来就是这样一种关于争吵的历史。

或许自由的想象、争吵、发现、论证以及由此促成的对更多更细更深的问题关注和思考，正是哲学作为一种智慧之源的真谛所在。而每当某种论题发展成一种潮流之后，当争论最热烈而引人注目的时候，真正爱思考的哲学家或许早已悄悄退居一隅，静静地开始他们关于智慧的新冒险。如果哪一天，人类知识真发展到那样完满和正确，不再给这些安静的思考者留下一个可以自由想象的角落，那一天也就是哲学的末日。哲学起源于人意识到自己无知，当然也会终结于人的全知。

现在看来，《墨经》中思想者主要活动的年代，战国中后期，即使百家争鸣，盛极一时，却还远远谈不上对这个世界有什么全知。看看当时百家争论的热门主题：孔子尚仁，墨子兼爱；接子或使，季真莫为；道家太一生水，方士五行相生；孟子道人性本善，荀子说性恶为真。这些论题看起来虽然都是关于宇宙、自然、人性的大题目，本质却只是古老的哲学和思维方式的惯性发展。譬如两小儿辩日，或说日出去人远，或说日中距人远，看似各自据理力争，振振有词，如果思考方式不能根本改变，某些争论永远不会有结果。

按照今天哲学史的观念来看，近代哲学和古代或者中古哲学有一个显著区分，就是哲学家从思考自然、人生和宇宙的困局中，认识到人类"认识"和"思维"的局限性，转而开始思考"思考"本身，开始关注认识的原理、方法和工具。拿西方哲学史来说，这样一个明显的转折是从上千年的经院哲学传统转到培根的《新工具》、笛卡儿的《谈谈方法》以及洛克的《人类理解论》集中出现的时代，以及紧随其后两三百年人类在知识获取方面的巨大成功。人从自然界走来，本来只是自然的生灭，只是在自然的刺激下被动的反应。只有当人类的智能进步到相当程度之后，人才学会在面对各种习见的日常景象时问一句"为什么"，才从"知其然"向"知其所以然"迈出了一小步。而当人从知道问"所以然"，再发展到开始追问"何为然，何为所以然"，就标志着人的思考方式有了本质的变化。这种变化在中国悄悄地发生，正是在百家争鸣大场面下，墨家默默地记下"故，所得而后成也"这句话开始的。所以后来墨学的消亡，自然也不是中国哲学的最终消灭，而只能是真正的思想家开始悄悄开辟一块新战场的哲学空窗期开始。

人的一切求知，在于探寻事物背后的原因，这道理看起来那么明显，就像是一个不需要证明的公理。可是所谓"原因"，到底是什么意思呢？儒家向来不甚关心知识，虽然秉承孔子"知其不可为而为之"的积极入世精神，但思考方式上的局限使其对追求事物原因和规律的实用知识和自然哲学甚少建树。而最善谈自然的道家，虽然后世发展成包罗方术、丹方、炼金、堪舆等众多实用技术的大学派，他们根本的自然哲学思想却只有一些框架式的形而上学原则和消极的不可知论。中国明确的因果思想似乎来自佛学，但那是一种古印度人对于复杂的世界人生模糊的理解方式，时空中相隔遥远的事件都可以用因果这个神奇的魔线联系起来，对解释日常生活中的简单现象反而毫无用处。

思考"原因"和"结果"这么抽象的概念，对思想家来说当然是一个巨大的挑战，也可以是一种幸福的追求。柏拉图在《斐多篇》中，曾借临终的苏格拉底之口，朴素地表达了一个纯粹思想者的这种理想：

> 我小时候非常想钻研那门称为自然研究的智慧。我想这是一件愉快的事情，可以知道每一事物的原因，知道每样东西为什么产生，为什么消灭，为什么存在。

不过，受限于思维方式的缺陷，苏格拉底或者柏拉图的这种追求并没有取得什么关于自然研究的确实成果，却产生了一种基于原因的形而上学——理念论，并且开创了一种用空虚的实体来解释现实和自然的传统。柏拉图的学生亚里士多德注意到了这种思维方式的漏洞，却并没有完全摆脱其影响。他著名的质料因、动力因、形式因和目的因的"四因说"，已经明显开始尝试切实细致分析影响事物变化的复杂因素，但是总体来说仍然是一种形而上学体系。四因说这种对虚构的"原因"主观而僵化的细分，实际上只是制造了更多隐藏在真理之后的形而上学幽灵。显然是因为这些古希腊先哲的示范和影响，柏拉图、亚里士多德以后很长的时代，西方思想界几乎被各种类似的形而上学统治着。"没有一样存在的东西不能问它存在的原因是什么"，这条未加详细考究的基本原则，成了后来西方思想家头脑中一个根深蒂固的观念，直到笛卡儿还以此作为他哲学体系中第一条无可置疑的公理。①

每一样东西都有存在的原因，这话是什么意思？从亚里士多德到笛卡儿，都习惯于用一种机械的方法，设想一种一环扣一环的因果链。比如一个台球的运动是因为另一个台球的撞击，第一个台球的运动是因为人击球，而人击球是因为肌肉的控制，肌肉是在意识指挥下动作，如此不断推究，直到发现那个不动的推动者，证明那个作为最初因的"神"存在。事物之间由某种完全确定的因果关系制约，正是笛卡儿所建立的机械论世界观的核心思想。不过，面对复杂的世界，这种机械的解释明显太简单了。这里有一树盛开的梨花，是因为曾经有一颗种子落在这里，是因为园丁辛勤的工作，还是因为那一晚的东风？太阳每天照常升起，是因为自然的伟力，是因为地球的无奈，还是因为人自以为是？三角形内角和等于180°，是因为必然，巧合，

---

① 笛卡儿《按照几何学的方式安排的证明神存在、灵魂与形体有区别的理由》的第一条公理。

还是别有玄机？似乎我们可以在所有场合很自然地用"原因"来解释"结果"，可是细细推究，这种解释对我们的认识和实践其实充满了误导和迷惑。我扔下种子，明年就可以来摘梨吗？小朋友期待着第二天美妙的出游，需要关心明天太阳的脾气吗？近代数学家发现有三角形内角和可以不是180°，是欧几里得错了，还是几何错了？

如此重要以至于神圣得超过神灵的观念，竟然像一个杂货堆，挤满了五花八门又几乎无用的废物。难怪从形而上学的迷幻神殿逃脱出来的思想者，凭借对日常生活的经验反思，会对这种因果关系神话提出严肃的质疑。西方经验主义的代表人物休谟总结说，所谓"因果关系"，只是人习惯于把日常所见前后发生的事情联系起来观察和思考，认为前一事的发生总是引起后一事的发生，并且把先发生的叫"原因"，后发生的叫"结果"。这种观察和描述当然充满了主观和偶然，没什么能保证这些因果事件背后有什么必然的联系，也没有什么能保证下一次观察时这样的先后事件必定会发生。所以休谟进一步得出了他那著名的论断：来源于观察和归纳的知识不具有任何必然性，人类根本不可能有任何关于自然的确然知识。

休谟所质疑的归纳方法，是"自然科学的胜利，却是哲学的耻辱"。自从培根伽利略们大规模提倡和应用归纳法来从事科学研究之后，人类在科学上的进步和成功有目共睹，科学方法所取得的确定成果毋庸置疑，可是哲学家对此却迷惑不解。一方面是因果关系空洞和无用，另一方面是摆在全人类面前实实在在的进步，一个稍微不存偏见不畏权威能自由思考的人都很容易想到，只能是前人对于因果关系的想法出了问题。

对此，可以参考一下墨家的意见：

1① 故，所得而后成也——条件，使（事物、变化）得以发生者。

对于墨家给出的这个定义，如果有某种机械因果论的先入之见，"故"似乎也应该解释为缘故、原因。不过，中国人从来没有过类似笛卡儿那种机械的绝对因果观，反倒是很早就观察到相同原因可以导致不同结果，观察到事物变化规律的相对性和辩证法，这样的思想在《老子》《易经》等古籍中随处可见。而墨家当时对此已经有明确的认识：

39 同、异而俱于之一也。

94 法同则观其同，巧转则求其故。

95 法异则观其宜。

同样的原因可以有不同的结果，相同的结果也可以由不同的原因导致，这其实是我们认识世界的常态，也是休谟攻击因果关系的根据。原因和结果之间那种必须抛弃的机械联系，应该不是墨家"故"之本意。实际上，按照

———————————

① 此类编号文本参看本书附录一：《经上》古今义理对照，下同。

《经说上》对"故"的分类：

小故，有之不必然，无之必不然。

大故，有之必然，无之必不然。

故，用现代的观念来讲，应该更清晰地被解释为"条件"，套用今天的逻辑概念，小故是必要条件，大故为充要条件。"原因"变化为"条件"，这绝不是无关紧要的区别。任何事件得以发生，必须满足很多条件。这些条件中有许多是自然而然，被我们习以为常的；有些条件是突发显明，似是而非的。当这些条件中最后一个发生时，事件也就发生了，这最后一个条件就被细心的人当作这事件的原因；当某个条件特别显眼时，这个条件也会被粗枝大叶地看作一个确凿的原因；甚至当很多条件搅成一团时，任何一个条件都可以被很方便地当作一种需要的原因。如果轻信这些奇奇怪怪的原因，任何确实求知的努力当然像是无奈地与或然性博弈；如果对所有这些原因失去耐心和信心，自然也会走向一种消极的不可知论。

科学家专注于切实研究事物得以发生的条件，而形而上学家希望用一个万能的"实体"，用单纯的"原因"掩盖所有可能，这种思维方式上的差异正是问题产生的关键。苏格拉底在早年追求"自然研究"时已经敏锐地注意到了这种重要差异，在柏拉图《斐多篇》中以他举例说：

我觉得这好像是先说苏格拉底用心灵做他的一切事情，然后在试着给我的某件事情说出原因的时候却说：我现在坐在这里是由于我的骨头和筋腱组成，骨头是分成一节一节的，筋腱可以收缩伸张，由肌肉和皮肤把它包裹着放在骨头上，骨头由韧带连着，筋腱伸缩使我能够把肢体弯着——这就是我弯着腿坐在这里的原因。

一种是提出聪明而俗常的含糊论调，"心灵"是行为的原因；一种是执拗而古怪的努力，想切实分析每种行为的动作机理，这本是非常重要的区别。然而，由于苏格拉底或者柏拉图本身的形而上学倾向，使其对科学家的细致工作大失所望，认为这不是那种可以帮助了解万事万物原因的真正智慧，他做出了一个深刻影响后来西方思想的论断：

> 可是，把那类东西称为原因是很荒唐的……这样说的人是不能看出区别，不能看清实际上原因是一回事，使原因起作用的条件是完全另外一回事。所以在我看来，很多人在把原因的名字给予条件的时候，是在暗中摸索，把不属于它的名字给予了它。

正是由于这个论断，也是由于柏拉图漂亮文笔下从容赴死的苏格拉底对后世思想家的震撼和感召，使后来西方最优秀的思想者或多或少都受到这种想法的影响，认为在"使原因起作用的条件"之外，还有一种"原因"存在，而寻找这种原因才是真正的智慧，是一种"第一哲学"。这可以说是后来西方形而上学一个隐蔽的理论起源。

休谟是近代思想家中反对形而上学最彻底的人物，"灵魂"或者"自我"之类最顽固的实体就是在他的细致分析下解体的。不过，休谟质疑因果关系，恰恰是因为他仍然没有摆脱亚里士多德到笛卡儿那种强大的因果观念的影响，而他质疑用来发现新知识的归纳法无效，实际上只能说明他没有了解归纳法的真谛。休谟认为的归纳，就是在现实中不断观察到有些事件总是相继出现，然后据此总结出某些因果规律。他认为没有什么能保证类似事件以后一定相继出现，除非已经对所有过去和将来的此类事件做完全的归纳，而这显然是不可能的。休谟因此认为，以此类观察为依据的因果关系不具有必然性。

事实上，今天科学实践上行之有效的归纳法，完全不同于休谟所说的这种"简单枚举归纳"。一方面，为了提高归纳的效率，培根在《新工具》中明确提出了三表法，在全面收集观察资料的基础上，按照"具有表""缺乏表""程度表"来从不同方面分析事物性质和影响因素。对比墨家的观念，这叫作"同，异而俱于之一也"，"同、异交得放有、无"，必须从相同和差异、有和无两方面来观察和研究事物。另一方面，如何在众多条件中发现某些条件作用的可靠规律，单单依靠被动的观察显然太低效了，也难以保证其必然性，近代科学进步的有力武器，实际上是在培根归纳思想指导下成熟起来的另一个重要方法——科学实验。

现代实验的目的，已经完全抛弃了那种发现"原因"的陈腐之见，它本质上是在严格的条件控制下观察某些特定条件对事物行为的作用。比如历史上那个著名却或许出于理论虚构的"两个铁球同时落地"实验，虽然我们不知道影响铁球落地速度的条件到底有多少，但是我们知道在实验的那一刻，在比萨斜塔上或者其他一个确定地点，影响两个铁球速度的唯一不同条件只是铁球的大小或者质量。这个实验能证明在本实验控制条件下，铁球下落的速度和球的质量无关，这个知识是确定无疑的。当然，随着社会进步和人类控制与创造条件的能力提高，我们完全可以再进行不同条件下的实验而得到更多更确定的知识，比如后来用铁球和羽毛在月球上完成的实验。

从原因变化为条件，实际上是让人放弃那种有意无意的简单机械的世界观，让人正式承认认识世界的复杂性。这就好比要建立一个反映世界基本规律的函数，人原来对此函数一无所知，却轻易揣测这可能是一个简单的一元函数 $y=F(x)$，或者最多是一个不多变量的函数"结果 =F（质料、动力、形式、目的）"。人在黑暗中摸索了很多年，才发现这原来是一个超级复杂的多元函数，我们所观察到的任一变化都是很多条件影响的结果，好比 $y=F(x_1, x_2, x_3 \cdots x_n)$，而这个 n 可能大到无法想象，甚至就是无穷大。这种变化绝不是简单的数量上的增加，而是一种世界观的根本改变。条件可以是所有的时间和空间，可以是最宏大的和最微小的,也可以是最大量的或最独特的。条件影响变化,变化又产生新的条件,有时候让变化加速,有时候阻止变化继续,更有可能的是产生各种新变化。这个过程充满了交互、反馈、混沌、迭代、自由、创造等难以想象的可能性。

这对某些人构建一个完全的知识体系的梦想当然是一个大打击,但是对人类的求知却是一个实实在在的进步,因为它建立了一个不以任何主观猜测为前提的可以囊括所有可能性的基础。1 到 n,可以是所有的人、事、物,也可以是全部的已知和未知。虽然面对如此复杂的可能性,人只要有合适的方法和工具,是有机会一砖一瓦把关于世界的知识大厦不断建到新高度的。前提是,先要认识到世界是一个这样紧密相关的整体,我们这种生活在这样一个渺小星球上的微末的人,随时随地却同最久远的过去和最遥远的遐荒紧密相连,我们的命运和存在由最巨大的恒星和最细小的粒子共同决定,由时间和空间的变化共同主宰,也凭借我们自己的行为创造。所有这些组成了我们之为我们的全部条件。

二、作为部分和整体的世界

《经上》接下来同样是一条非常抽象的定义:

2 体,分于兼也——部分,从整体中区分出来者。

这定义没有涉及任何现实的事物,甚至也不是在定义一个特定的"存在"，而是在说明一种关系，一种飘忽不定又确定不移地影响着我们对世界认识的默认前提。

世界存在，这是一个事实，却是一个无法言说的事实。"道可道，非常道；名可名，非常名"，我们如果只把世界或者本体勉强名之曰"道"，这种"名"就只是一个标记和符号，若不加以进一步的解说和定义，没有任何意义。这样的"道"可以是"有"，有某种存在，也可以是"无"，无任何性质。如果要追求对世界进一步的、有意义的认知，我们必须把世界这个整体，这个存在的"混沌"分开，赋予它一个结构，然后按照这个结构及其相互关系、作用来描绘和解释世界。我们可以说世界有两种相互对立的部分或力量，分为阴和阳；也可以说世界由五种基本元素构成，是金、木、水、火、土；或者说世界应该分为有情世界和生命荒漠；甚至最直接而自然地，认为世界就应该简单分为我和非我。我们分出时间，才能问世界是有始还是永恒，才能说过去、现在、未来；分出空间，才可以问天有多高，地有多远，才可以遥想银河和九天；分出色、声、香、味、触、法，以及数量、实质、关系、模态等各种经验和范畴，才能进一步对任何存在有所描述。所有这些分法可以有经验的根据，有合理的逻辑，也可以是完全随心所欲的创意，但不可避免的是，只要我们意图认识世界，对整体做区分和切割是必然的第一步，无论有意还是无意。有了这种区分，相当于我们的函数 $y=F(x_1, x_2, x_3 \ldots x_n)$ 有了确定的结构 $F(\ )$，再谈变化和结果才有确实的意义。

　　事实上，人或者生命最早对世界的区分都是无意识的，其出现甚至远在可以认识世界的意识产生之前。生命在地球这样一个条件合适的小星球偶然萌生，简单的生物因为不同环境和机遇走上不同的演化之路，高等动物为了生存产生了对光线、声音、温度、气味，甚至磁场、波动等所有微弱刺激最灵敏的反应方式，这些都可以看作生命对世界不同部分最天然的区分和认知。另一方面，每种生物，包括自诩为万物之灵的人类，从自然界获得的这些识别方式都充满了偶然和局限，当然不能"见到"世界的全貌或者真相。真正全面地"认识"如果可能，需要有像人类大脑这种能够把所有不同感官获得的互相隔离的世界信息综合起来处理，把支离破碎甚至残缺不全的世界图景重新拼合为一个整体的能力，需要首先意识到分与兼、部分与整体在我们认识过程中的现实和意义。也只有到了这个过程，才会有关于人如何能认识世界的更清晰的思考。

　　人开始朦胧意识到这样的道理，是在无意识中摸索了很久之后，或者如同柏拉图所言，是被束缚在黑暗的洞窟中面对世界的魅影很多世代之后。最早开始从事这方面思考的柏拉图并没有清楚认识到人观察世界时五官和心智复杂的分与合的作用。他认为人的认知含糊不清，只是因为人的五官根本接触不到世界的原型，只是在观察世界的副本，就像面墙而缚的人看不到身后的光源而只能看到前方的影子一样。原型或者理念显然是一个整体，一个比所有模仿者更圆满和尊贵的整体，柏拉图从来没有想到过要把这个整体分解开来予以分析和研究。根据这种有某种原型或者理念世界存在的猜想，柏拉图创造了一种最早的形而上学，也为后来西方的认识论开辟了一条宽广的歧路。柏拉图的理念论和道家用一个稀里糊涂的"道"来包罗万象，来让人费尽心机去参悟和追逐，一样对知识的进步毫无用处。

人会对与生俱来或者自幼形成的观念或认知不加反省地接受，这是再平常不过的事。对于"认识"的检讨，就应该细致地检讨认识功能的特点和缺陷，反省我们所有想当然的成见和习惯，以重建我们正确认识的基础，而不是幻想有一个完美或者大全的"存在"能被我们某种神奇的能力直接领会到。就我们认识的官能来说，我们在生存演化中长期依靠发达的视觉识别世界，常常需要对眼前的五光十色和蛛丝马迹保持敏锐的感觉，于是渐渐习惯于以此区分万物，粗心大意地把我们可怜的肉眼看不见的"存在"都当作"无"；我们从呱呱坠地就听到各种声音，接受这个世界传来的各种信号并做出反应和确认，根据这些天籁和人籁的互动来形成我们对世界的认知；我们其他感官如触、味、嗅等等也都会用各自不同的方式为我们收集关于外界的不同信息，形成各种关于世界的印象和观念。这些都是我们来源于自然的认识和区分世界的能力，当我们会应用它们的时候其实并不了解它们，我们也不曾注意这各种信号和印象之间的关系和特性。当我们日渐强大的大脑刚开始从事进一步的认识工作，开始把之前那种囫囵吞枣的认识重新分解考查的时候，自然会犯一些常见的错误，把各种感觉和观念胡乱地组合与区分，就像一个孩子刚开始摆弄他新到手的积木玩具一样。先秦时辩者有一个重要的论题，"离坚白，合同异"，这个争论的产生，就是因为眼看得白和手触得坚的感觉经常与同一块石头如此牢固地连接在一起，使人自然把"白"和"坚"都看成某种依附于"石头"的固有属性和组成部分。类似的困惑和思考并不是中国人独有，近代西方对于"坚白"问题最详尽而切实的讨论来自以洛克开端的经验主义。洛克清楚区分了人通过每种官能可以获得的简单印象，以及心灵可以由此分析和综合而形成的各种简单观念和复杂观念。继洛克之后的另一位经验主义大师贝克莱也是以视觉和触觉为例，详细分析了人可能因为感官和心理作用产生的错觉和获得的知识，他的言论就像是中国名家"离坚白"的辩论在异域他乡一个遥远的回应。之后，摆脱不了柏拉图的形而上学思维方式又受经验主义直接影响的康德把描述世界的命题或判断截然两分为分析的和综合的，把形而上学的实体悄悄藏到了一个跟认识无关的自在之乡。按照这条道路，近代的逻辑实证主义把人类知识严密区分为关于形式的逻辑知识和关于事实的经验知识，而除此之外那些形而上的命题和判断被干脆看作毫无意义的空话或者杂音。

世界本来只是一片混沌，是因为人的认识才显得那么丰富多彩。墨家说："区物一体也"（《经下13》）。牛有头尾四足，马有头尾四足，牛和马又各自是一；牛有若干，马有若干，牛马合只是一群。世界，以及我们从世界中区分出来的所有事物，原本是一个整体，而我们却因为自身的局限不得不用割裂的方式认识事物的不同方面，然后才能加以综合，为它们描画一幅完整的图像，这可能是认识最终能完成的任务。而所谓直观或者顿悟本体与实在，获得超越、完美的真理，并以此得到全部知识，只能交给形而上学家或神秘主义者去努力了。

人类获得现实知识行之有效的方法，西方的归纳法，或者中国古人所说的"格物"都有区分和归类的含义。严格地区分世界当然需要一个标准，最自然的可以按颜色外形、按声音变化、按香味触法等等分别，或者也可以按其他任何人可以认识和创造的标准。每一个标准实际上是制造了一种不同的世界结构，而每种结构组合起来都应该是一个完整的世界，比如由所有时间和空间组成的宇宙世界、由基本粒子和能量组成的物理世界、由不同化学元素组成的物质世界、由各种日常事物组成的现实世界。人生物式地以各种感官区分识别世界，只是众多标准中最自然而古老的一种，也是其他不同认识方式和标准赖以产生和完善的基础。

历史上曾经出现过很多种不同的宇宙论和世界观，相互之间的争吵直到今天仍然看不到终结的希望，没有一个关于世界结构和内容的清晰区分是所有这些争吵常常毫无结果的重要原因。五行说、四大说和原子说是同一类标准下关于结构和内容的不同描述，是可以依靠经验来检验的。五行说和阴阳说则采用了两类不同标准区分世界，说孰对孰错毫无意义，勉强把它们拼凑在一起也只是自欺欺人，起不到理论上互为补充的效果。而一个原子论者和一个相信三世轮回的人理论上互相沟通的难度就更大了，他们需要一个类似五德终始说那样的理论来作中介。就像人不会认识世界的时候已经在看世界，人不理解世界合理的结构时，已经无意中赋予了世界繁多而混乱的各种结构。单从结构上来说，阴阳说认为世界万物非阴即阳，逻辑上比五行更清晰，因为把世界万物只区分为金、木、水、火、土五种元素，难免有些牵强和遗漏。随着认知的进步，人慢慢发现有很多东西也不能简单区分为阴阳或者正负相对的力量，比如数学上的零和物理上那种永远只会吸引又充斥着整个世界的万有引力。这样看来，阴阳说这种简单的二分法，逻辑上甚至还没有"我"和"非我"这样原始的区分来得严密。

浑然一体的事物能够被区分，本质上是因为有变化，有差异，特点不同的差异和变化就是区分世界不同的标准。从具体事物中看到变化，再从变化中区分出不同的特点，这是抽象之后进一步的抽象，代表人类认识能力一个巨大的提升。亚里士多德的十大范畴就是关于此类问题最早思考的一个著名代表，他已经在区分常见的经验现象之后，更进一步把这种区分再分析和归类，提出了一种更抽象而不易捉摸的"范畴"概念。同样，墨家也已经开始细致地研究抽象的变化、同异，为它们下定义和做区分。他们想确定什么是时间，什么是空间，什么是运动和静止，什么是细微连续最后却那么明显的变化。他们把事物的存在分为"存、亡、易、荡、治、化"（《经上86》）各种不同阶段，把事物的同和异对比归类，分为"重、体、合、类"（《经上87》）等不同类型，还把人的知识也按照不同标准，分为"闻、说、亲，名、实、合、为"等不同类别。所有这些工作，其实都是在为认识世界创造严密而包容的结构。

如何创造各种认知世界的结构，这本来是一个和世界无关的问题，只与我们的认知和思维特性有关，但是关于这一点，人直到近代才有了比较明确的认识。在欧几里得建立他关于空间的结构体系之后，西方思想家一直以为欧氏几何就是无可置疑的关于空间的真理，他们的后续工作只是对欧氏体系中逻辑上不够完备之处加以完善。但是经过不断研究，近代数学家发现欧氏的几何结构是根据他所提出的几条不证自明的公理和公设确定的，而其中第五公设看起来并不是那么直观和必然，却又无法从其他公设证明。如果采用不同形式的第五公设，完全可以建立类似欧氏几何却又完全不同的空间结构，于是有了后来的罗氏几何和黎曼几何。虽然对于我们在地球上的日常生活，欧氏几何一直应用得非常好，但是当人的视野扩大到更宏大的尺度，比如爱因斯坦构建他的相对论的时候，黎曼几何却得到了更好的应用。那么，我们的"空间"到底是什么结构呢？

今天，几何早已被归为数学的一个分支，数学也发展出更为严密的体系和先进的方法来专门研究"结构"这种抽象的对象，而不再直接关心这样的研究是否符合世界的真实。现代数学家对于结构的认识水平当然也远远超过了古人，他们通过研究数量和运算的性质发现了代数结构，通过研究时间观念发现了序结构，通过研究空间发现了拓扑结构，并由此衍生了各种结构的组合和发展。而实用的数学就是把对这些结构的研究发现应用于具有类似复杂结构的各种认识领域，最后应用到现实世界，帮助人更有效地描绘世界的图景。认识世界，既需要现实经验的不断积累，需要归纳区分这些经验的科学方法，也需要数学这种专门研究结构的强大工具。现代科学技术的巨大成就已经证明了科学的归纳方法和高效的数学工具结合之后所具有的力量。而所有这些结果，最早只是起源于人，或者生物那种要开辟和区分这混沌世界的朦胧意识——"体，分于兼也"。

三、人的认识

人的所有知识，包括对世界的结构区分以及各种不同结构下的填充物——实际的经验知识，都是怎么来的，这是一个历来让哲学家争论不休的问题。所有这些争论大致可以分为互相反对的理性主义和经验主义两派。理性主义者认为知识来源于某种天赋的能力或者原则，比如西方理性主义最早的代表柏拉图，他认为人的知识都是先天的，学习只是一种回忆的过程。他还相信灵魂轮回说，人能够认识是因为这些不灭的灵魂在身体里指挥各种机能运作，而婴幼儿时期人的认识不清，是因为每个灵魂和新的躯体都有一个磨合阶段，这就是人受教育的过程。柏拉图这种思考方式影响深远。笛卡儿把人的认识中来源于上帝和灵魂的天赋原则作为他认识论的基础；康德认为至少人的某些认识是先天的，比如时间和空间的观念；近代或者现代的专业心理学家也很难摆脱先天观念的影响，或多或少坚持某些遗传特性决定了人的不同认知能力。和理性主义截然相对的经验主义早期的代表是柏拉图的学生亚里士多德，但是能彻底摆脱柏拉图和理性主义影响，真正建立系统的经验主义认识论的是洛克，他认为初生的"心"是一块白板，而感觉经验是一切知识的入口。到了休谟，甚至作为实体的"心"也被经验取消了，所谓"自我"或者意识，只是一串心理活动的连续。这种经验主义在心理学上的发展就是詹姆斯关于"意识流"的理论和行为主义力图将本能和天赋从心理学中尽量驱逐出去的努力。

中国儒家对单纯的知识不甚感兴趣，他们关心的更在于伦理和政治，虽然如此，关于伦理这种"知识"的起源，也不得不有个说法。二十世纪晚期马王堆和郭店楚墓出土的《五行》篇证实，后来儒家中影响最大的思孟学派，其伦理学来源显然是理性主义一派，是受了道家形而上学的天道观的影响。这种思想一直以孟子的仁义礼智"四端说"和关于"良知良能"的讨论流传后世。宋明的理学家最终把这种认识论发扬光大，在他们看来，知识要么是直接来源于天理，要么是人天赋良知的某种副产品。

相较而言，《墨经》中的认识论完全是经验主义一派。其观念主要体现在以下四条定义。

知，材也《经上3》——感觉，构成知识之材料。

虑，求也《经上4》——思考，对知识的主动探求。

知，接也《经上5》——感知，感官和认识对象相交接。

智，明也《经上6》——理智，清楚明白的认知。

认识器官和外在事物通过某种方式交会接触产生感觉，感觉经验构成所有认知的基本材料，而人通过对这些感觉和材料的接受、探求和反省，通过思考形成各种简单和复杂的观念，进而产生更加清楚明白的知识，这差不多也是洛克认识论的主要思想。只不过在一些具体问题的看法上，墨家和洛克、贝克莱等唯心论者还是有很多不同观点。洛克和贝克莱都把事物的某些属性——洛克所区分的第二性质，只看成人的认识中的一种主观感觉。他们论证说，把不同温度的左右手放进同样一杯水中，两只手所产生的冷热感觉完全不同，所以冷热不在水中，而在人的意识中。对于先秦辩者关于类似问题的争论，《经下47》说"火热，说在顿"，墨家认为热是某种"力量"的屯聚，是有切实的效应和存在的，所以不能承认"火不热"。

　　既然从人的官能和经验出发来谈论人的认识，就必须要对身体器官具体的结构、功能和认识过程有更进一步的了解。每个人都能很容易感受到自己的眼、耳、鼻、舌和身体对外界刺激的反应，都能意识到自己的色、声、香、味、触等各种感觉，所以人很早就了解了五官和这些感觉之间的联系。关键是，五官又似乎不是独立完成了这些感觉过程，视而不见，听而不闻是很常见的现象。到底还有什么器官参与了认识，对于这个问题，全世界古来的哲人们几乎众口一词说是"心"。如《荀子·正名》中所说：

　　然则何缘而以同异？曰：缘天官。凡同类、同情者，其天官之意物也同，故比方之疑似而通，是所以共其约名以相期也。形体、色、理，以目异；声音清浊、调竽奇声，以耳异；甘、苦、咸、淡、辛、酸奇味，以口异；香、臭、芬、郁、腥、臊、洒、酸奇臭，以鼻异；疾、养、沧、热、滑、铍、轻、重，以形体异；说、故、喜、怒、哀、乐、爱、恶、欲，以心异。

心有征知。征知则缘耳而知声可也，缘目而知形可也。然而征知必将待天官之当簿其类然后可也。五官簿之而不知，心征之而无说，则人莫不然谓之不知。此所缘而以同异也。

心为天君，是统合五天官"当簿其类"实现认识功能的最主要器官，这是今天可见先秦关于人的认识原理细节最详尽的论述。发源于古印度的佛教观念与此类似，他们认为人认识世界的基本能力有眼、耳、鼻、舌、身、意六种。在人体内专司此六种认识的器官谓之六根，外界能作用于这六根之现象为色、声、香、味、触、法六境，由此而产生人的眼识、耳识、鼻识、舌识、身识、意识等六识。识由心生，万法唯心，佛教的意根当然也是指心。关于这种基于心的认识论的确切工作原理，被看作西方经验主义祖师的古希腊医生恩培多克勒给出了他专业的猜想。恩培多克勒认为，物质随时散发着某种射出物，这些射出物通过五官进入血液。当这些射出物随着血管流入心脏的时候，会和心脏内的物质发生某种反应，这种刺激和反应就是思考。这确实是一种颇有科学精神的猜想！

为什么哲学家们在这个如此重要的问题上都犯了同样的错误，这实际上暗示了纯粹经验主义的某些局限：对那些完全不可能有感觉和经验的事情，我们该如何认识。人都容易感觉到自己用眼看，用耳听，但是从来感觉不到这些视觉和听觉是如何最终形成的。似乎只要一睁眼，各种图像已经自动呈现，很难通过感觉判断其中机理。同样，我们也感觉不到自己在思考，而只是意识到自己在思考。相反，我们经常能感到身体内或者胸腔中某些"存在"影响了我们的思考和判断，主宰着我们的行动，那又是什么？

这其中的机理已经涉及了生理学和心理学的专业范畴，不是仅凭哲学家的兴趣和猜想就能解决的问题。事实上，至少古希腊医生阿尔克迈恩就已经通过解剖实验觉察到脑才是认识的主要器官，因为他发现视觉神经是接入脑内的。公元一千年左右，伊斯兰教的很多医生开始细致研究大脑在认识中的作用，比如著名的伊本·西拿。在十五世纪，已经有教科书图解了大脑不同区域对于不同感觉和认识的分工。明朝名医李时珍在《本草纲目》中也明确提出"脑为元神之府"，虽然那时在中国哲学史上正是阳明心学大行其道的时候。哲学家有时候似乎相信自己的理论和推断更甚于事实的证据，所以专业人士的意见常常被忽略。甚至在他们和专业人士意见一致的时候，支持他们意见的理由也可以完全不同。比如柏拉图曾经把灵魂分成三个等级，认为最高贵的理性灵魂在大脑中，他的理由可能只是因为头部在上，离人体那些低贱的欲望最远而已。

柏拉图是一个非常鄙视感觉经验的极端理性主义者，但是他三种灵魂的划分偶然触及了部分事实的真相，说明他无意识中受到了感觉经验的影响。这种通常的经验也恰是使所有只依靠内省的哲学家犯错误的原因：我们时常感觉自己胸中有某种"存在"使我们心跳加速、呼吸急促、肠胃激动或者不适，外表上面红耳赤、毛发上指，五官有异常的表情。伴随这种可以内知和观察的感觉和现象，人常常觉得自己的思考和判断受到影响，行为冥冥中被这种神奇的"存在"决定。总之，这种被猜想为"心"的存在从内外两方面都非常容易识别，和那种悄无声息几乎无法感受的冷静认识和思考完全不同，以致长期以来一直被误认作主宰认识的"天君"。不过，不是由于哲学家的天才猜想，而是由于众多专业人士的细致工作，今天的生理学已经可以清楚区分由胸腔内交感神经系统以及激素分泌控制的情绪反应和主要是由大脑完成的认识思考之间不同的作用机理。从心到脑，从情绪到认知，代表着人对自身理解的不断进步，也暗示了哲学史上所有关于人和仁、肉体与精神、感性与理性、激情与意志、情感与道德的冲突和纠缠。解决这样的冲突，不可避免要从认识论过渡到伦理学乃至心理学的范畴。

第三章
从需求、规范到价值

——墨家伦理学

一、基于行为的伦理学

　　和所有愿意自己思考的哲学家一样,《墨经》的作者也曾经艰难地面对认识论那些关于"心"的疑问和矛盾中隐藏的未知,不过他们最后采取了保留态度。虽然《经上》所定义的"虑"和"智"(墨家用异体字恕),字形都是和"心"有关的结构,但是全书从来没有特别讨论过这个虚无缥缈的"心",更没有出现类似灵魂、良知、灵明的字眼。墨家断言"知而不以五路"(《经下46》),却没有回答那奇怪的特别之"路"是什么,到底是什么主导了人的认知,什么决定了人的行为,什么产生了人矛盾而又复杂的道德观念。他们在没有确凿证据之前不轻易地说是"心"或其他。当然,他们也不会把自己的伦理学和相关理论建立在那不可靠的"心"之上,而宁愿选择一些确实可见的东西作为讨论的基础,比如从人可以观察的行为来分析道德伦理。

　　墨家基于行为的伦理学,在《经上10》这条定义最明显——"行，为也"。按照今天的语言习惯，这定义很让人疑惑不解：行，就是为，行为就是行为，还有比这更无谓的同义反复和循环定义吗？其实不然，古人对"行"自有不同的理解。甲骨文中的"行"画得像个十字路口，本来也有路或路口之意，后来又引申出沿着、排行等含义，和道路之"道"意思相近。哲学上后来影响很大的"阴阳五行说"，其中这个"行"现在被理解为元素，只是"行"字义繁复演化的一个例子。不过，对中国伦理学影响最大的是另一种"五行"，二十世纪下半叶才从秦汉古墓出土的子思佚书《五行》，开篇就有这样的一些"行"：

> 仁形於内谓之德之行，不形於内谓之行。义形於内谓之德之行，不形於内谓之行。礼形於内谓之德之行，不形於内谓之行。智形於内谓之德之行，不形於内谓之行。圣形於内谓之德之行，不形於内谓之（德之）行。德之行五，五行和谓之德，四行和谓之善。善，人道也。德，天道也。

人在刚开始思考伦理问题的时候，不知道用什么名号表示这样一种人类社会中新出现的现象或者"存在"，应该是很正常的事，只有那些坚信这个世界向来如此的人，才会无视这种现实的困难。中国最古的语言文字中也缺乏对人的这种新特点相应的表达，现代汉语中"道德"和"伦理"等词意，都是非常后起的应用。就像《老子》借用道路之"道"来为作者心中天地万物必须遵循的最高存在和原则命名一样，子思《五行》也借用了行路之"行"为人所必须遵循的某些规则命名。而且，明显是受了《老子》书中那种形而上学天道观的影响，子思认为作为人"善"之表现的"仁义礼智"四种特性是来源于天道，是一种天地间永恒的"存在"在人之内的赋予和形成——德之行。所以他说"善，人道也。德，天道也"，这种想法被他的徒孙孟子做了更儒家化的继承和改造，发展成关于伦理本源的"性善论"。

子思这里明确区分的仁义礼智圣"五行"，后世被稍加修改为仁义礼智信，一直是中国传统伦理观念中的基本范畴，但是这个伦理学的"五行"之名最后却消失了。《五行》古书早已失传，秦汉之后已少有人提及。后人一般认为这里的"行"字读作"恒"，如今天汉语里的"道行"，汉时为避文帝刘恒之讳，被改为"常"，"五行"就成了后世威严赫赫的"三纲五常"之"五常"。不过，也有另一种可能。东汉的儒家哲学权威教科书《白虎通·情性》中说："五性者何？谓仁、义、礼、智、信也。"如此"行"也可读作"性"，比如"德行"，"五行"也可演化为"五性"，到明朝时宋濂还有这样的说法，"维人之生，内则五性七情，外则三纲六纪"。

所以，细细品味子思的原文以及后来伦理史的演变，或许上面这段话可以这样理解：

仁义礼智圣五种恒常，在于人之内的存在，就是所谓

天道的德行；在于人之外的行为，就是所谓人道的善性。

"性"，在先秦的时候意为天生，表示人或物的某种天然本性，也就是《荀子·正名》篇所说"生之所以然者谓之性"。天赋的性灵也好，恒常的存在也好，这都是形而上学家最喜欢的概念，不管如何解释，与思孟学派道德形而上学的气味不会相差多少。这样的道德伦理观，不能不让人想起古犹太人《托拉》中的摩西十诫。近代西方的哲学精神继承于古希腊，其宗教生活和伦理观念却来自希伯来。西方社会在开始摆脱教会和神学控制的那个混乱期，有相当一批颇具宗教精神的近代哲学家仍然希望用另一种方式为他们的伦理道德寻找一个坚实甚至绝对的基础，以代替原来那种"奴隶的道德"——不可或缺的上帝权威。比如斯宾诺莎著名的《用几何学方法作论证的伦理学》，还有康德对道德形而上学批判但又仍然颇具形而上学特点的"绝对命令"说。

正如康德所说，形而上学思维方式可能是人的一种自然倾向，是从普遍人类理性的本性中产生出来的"学问"。那么，人类中一些最聪明又最高尚的人，自然会共同倾向于制造一种类似的学问，也当然都会把他们这些学问应用于他们最关切的关于人的行为和道德的规范，为人类的存在寻找一个"绝对"的意义和价值基础。上帝的戒律、天道的赋予、逻辑推理的论证，甚至干脆就是绝对正确的重言式，这样的道德如何可以争辩？如何可以置疑？人除了服服帖帖地遵行和忍受，还能有什么作为？难怪古今中外那么多绝对的道德戒律，那么多绝对的善性和仁慈，并没有产生多少绝对甚至是相对的善举，却为各种向往绝对权威者提供了方便作恶的好工具。西方中世纪教会统治时期以及其后众多理性极端主义大行其道时悲惨的历史暂不详究，单看中国思孟道德形而上学被宋明理学家发扬光大后创造的天理学说，"吃人的礼教"统治下的社会到底有几分真善，恐怕足以使那些高尚的形而上学家汗颜。对于天理之恶，清儒戴震在《孟子字义疏证》中早有尖锐的评论：

> 尊者以理责卑，长者以理责幼，贵者以理责贱，虽失谓之顺；卑者、幼者、贱者以理争之，虽得谓之逆。于是下之人不能以天下之同情、天下所同欲达之于上，上以理责其下，而在下之罪，人人不胜指数。人死于法，犹有怜之者，死于理，其谁怜之？

在《墨经》作者所处的时代，虽然子思五行说和孟子性善论已经流行，但远远还没有后世那种显而易见的弊端。或许只是因为思考方式中的不同倾向，使墨家不愿轻易接受一切没有确实根据的庄严理论，他们基于不同的思考方式而对于人类的道德品性明显有不同的看法。于是，他们默默地记下了自己的观点：

10 行，为也——德性，行为中所表现者。

他们认为所谓人的德性、道德，就是人在行为中表现出来的各种特点。根据他们的哲学，他们不愿意讨论任何事物所谓内在的、本质的、现象中观察不到的决定性"恒常"或者"实在"，而只愿意基于可观察的现象和经验切实分析事物的性质。所以他们补充了一条似乎和伦理学无关的定义：

11 实，荣也——实质，外在所表现者。

这一条很好理解，实是果实，表示实质，荣是花，代表现象。不谈玄幻的实质，只谈可见的现象，《墨经》主要的道德规范都根据人的行为来定义，而对于人所谓天生具有的、天地间长存的，甚至神鬼赋予的那些莫须有的"戒律"或"恒常"，他们付之阙如。比如这几条定义：

8 义，利也——义，有关利益的行为。

12 忠，以为利而强低也——忠，为某人利益抵触他的行为。

13 孝，利亲也——孝，有利父母的行为。

19 任，士损己而益所为也——责任，损失自己的利益也要完成某事。

20 勇，志之所以敢也——勇气，敢于完成某事。

既然行为表现出道德，行为就是道德，那具有同样行为方式和特点的人自然就具有相同的道德准则。如果地球上所有时代所有人的行为方式都完全一样，地球上自然就应该有某种绝对道德，不管这种道德的来源应该被解释为上天的戒律、自然的准则还是人生物性的本能，都可以留给神学家、科学家、人类学家和社会学家去讨论。相反，如果地球上不同的人因为某些客观的原因，比如地理环境、历史发展甚至种群差异，形成一些不同的行为习惯，那么接受一些不同的伦理标准存在就再合理不过了。

墨家在当时可能还没有对这个问题做更深入的思考和明确的论断，不过他们已经用自己的行动和立场表明自己与儒家不同的行为方式和道德观念。墨家的祖师墨翟是战国早期著名的工程师，据考证应该是出身于社会中下层的工商业者，他所建立的"墨者"门派可能是中国最早由相同背景和思想的人组成的社团组织，也是春秋战国时已经相当发达的工商业最强势的代表。很明显，墨子的行为和思维方式同出身没落贵族的孔子代表的封建贵族和农民的行为和思维方式有很大不同，儒墨相争也是中国社会早期工商业和农业争夺社会控制权的一个典型。墨家十论，"兼爱""非攻""尚贤""尚同""尊天""事鬼""非乐""非命""节用""节葬"，其中大部分与社会生活相关的思想，同经济来源主要依附于土地的封建地主和农民的传统思想不易调和，但是在我们今天习惯于工商业社会和文化的人看来，却是更"于我心有戚戚焉"的观念。

来看看作为最早工商业者代表的墨者的道德观。在关于具体伦理规范的定义中，墨家把"义""忠""孝""任""勇"等传统观念直接和人可见的行为与利益关联，此数者又分别代表社会、政治和家庭这三个最重要的活动范围。对比一下孔子的名言"君子喻于义，小人喻于利"，义和利的区分对于封建贵族而言不仅意味着道德上的追求，也代表着社会地位上的认同和界定。而在封建贵族几乎垄断土地和财富的等级社会里，下层小民的所谓"利"，只是在承认这种土地和财富分配方式的"大义"下赚取一点点赖以糊口蝇头微利的可怜权利。工商业的发展改变了社会财富的创造方式，改变了社会结构赖以维系的经济基础，当然也会带来改变上层建筑的需要和呼声，古今中外概莫能外。墨家"义，利也"的声明，这种明明白白把义和利等而视之的决绝态度就不仅仅是一种伦理价值观的反对，也是一种对当时旧有社会结构挑战和重构的思想准备。联想到近代西方工商业崛起之时代表其发声的思想家们著名的口号："哪里没有财产权，哪里就没有正义。"以及其后那种为争取权利更明白的表达："风能进，雨能进，国王不能进。"儒墨思想冲突背后类似的社会巨变背景就愈发明显。

但是，简单把墨家的"利"理解成财产，或者理解成一种经济上的利益，显然又太狭隘，最多只能是这种"功利主义"思想刚出现时的观念。《经上》已经明确地说：

26 利，所得而喜也——利，得到之后使人喜悦者。

27 害，所得而恶也——害，得到之后使人嫌恶者。

财产、收入，得到之后固然使人开心喜悦，但是以人生体验与感悟之丰富，值得为之开心喜悦者远不止此，能够影响人的心理状态和行为者也远不止此。单以财富而论，现代越来越多的调查研究早已表明，其与个人之幸福感受并不永远是简单的线性关系，并不一定使人得之而喜。墨家这两条关于利、害的定义明显已经抛弃了把人纯粹视为一种经济动物的看法，而把决定人行为的各种心理上的可能性都纳入了考虑范围。关于他们这种更全面的功利主义的实践原则，《大取》中有明白的表述：

> 于所体之中而权轻重之谓权。权，非为是也，亦非为非也。权，正也。断指以存腕，利之中取大，害之中取小也。害之中取小也，非取害也，取利也。其所取者，人之所执也。

对于权与利、害、欲、恶之关系，《经上》有一条总结：

85 权，欲正权利，且恶正权害——权衡，欲求相同则权衡利益，并且嫌恶相同则权衡危害。

这种从完全理性出发，对利害关系做数量上比较来决定行为取舍，非常类似西方功利主义思想的精义，比如边沁著名的"最大幸福原理"。对于这个原理，罗素在《西方哲学史》中如此描述：

> 边沁主张，所谓善便是快乐或幸福，所谓恶便是痛苦。因此，一种事态其中包括快乐超过痛苦的盈余大于另一种事态，或者痛苦超过快乐的盈余小于另一种事态，它就比另一种事态善。在一切可能有的事态中，包含着快乐超过痛苦的最大盈

余的事态是最善的。

这些话虽然看起来表述严密，但是其中的漏洞仍然相当明显。关于财富，或者关于所有实物的加和减，我们很容易去度量和计算，一斤黄金对于任何人都是一斤黄金，一颗糖也都是一颗糖。但纵使是同样的事物，在人内心引起的反应也各有不同，带来快乐和痛苦的量，更是人各有别，我们怎么能有一个合理的度量标准呢？面对人和人类社会如此复杂多变的对快乐和痛苦的需求，我们真的能找到一种公允的度量标准和方法，来作为我们创造幸福限制痛苦的可靠基础吗？甚至进一步说，有可能像建立一种基于数学方法的物理学那样，建立一种基于数学方法的心理学，来描述我们所有的心理活动和外显行为的规律，来衡量和计算我们幸福和痛苦的量吗？这是至今仍然令很多心理学家着迷的问题。

二、伦理学中的心理因素

虽然墨家力图建立一种基于人可见行为的伦理学，但是人的绝大多数行为毕竟是通过心理作用完成的。就算是最极端地把人当作一部复杂又完全不自由的机器，除了可见的输入和输出，机器内部不可见的运作机制也肯定会对机器的运作产生影响。评价人类的行为，必定逃不过对某些心理因素的考虑，比如这两条定义：

9 礼，敬也——礼，表达敬意的行为。

14 信，言合于意也——信，所言符合所思。

一离开对社会性的人群行为的分析，回到对于生理或者心理的人自身的考察，墨家和儒家的意见冲突看起来就没那么尖锐了。毕竟当时还没有什么真正的关于心理学的专门学问，自然不会有后世常见的因为心理学研究理论和方法的不同导致的激烈冲突。很明显，墨家后学关于"礼"和"信"的定义基本上和孔子的说法没什么两样，也仍然没有彻底摆脱那种对人的"内心意识"模模糊糊的轻信和依赖。什么是人"内心"的敬意？我们除了通过人外在的表情、行为、活动，还有什么办法看出其内心是否有某种"敬意"？如何判断一场宏大庄严的祭祀仪式是对神灵敬意的表达，还是已经流于形式和习惯的延续，甚至干脆只是一场漂亮的政治或者商业秀？"信，言合于意也"，这样的定义就更不能让人满意了。人类的语言和人类的心理活动，哪一个更灵活善变，这似乎无法回答。若花言巧语正好对上心志不定，那天下就没有不信之人了。

作为必须依靠信誉维持和发展自己生计的工商业者，墨家本应有更深入的对于"信"的思考，为早期中国社会发展出对规则意识的开创见解。《墨经》作者这方面让人失望的表现可能有两个原因，一个是当时的工商业发展还不够强大，还不足以在更多细节上重塑社会的价值体系。另一个则是后期的墨家已经不像前期来自社会实践的墨者那样具有鲜明的社会阶层性烙印，他们已经成了学院派，和儒家合流成了专门思想者的一部分。

相比于对儒家提出的伦理概念做新阐释，墨家特别提出的一些新概念，更能体现出他们在伦理学上的独到见解，比如下面一组特别的定义：

15 佴，自作也——多偶，缺乏自信顺从流俗。

16 㧺，作嗛也——㧺介，追随内心特立独行。

自从儒家以子思的"五行"为基础开始建立自己系统的伦理规范，后世那些喜欢追求细枝末节的学究当然很容易把这套伦理细则弄得尽量花团锦簇琳琅满目，以显示其理论的完备和尊严。"仁义礼智信""温良恭俭让""忠孝廉耻勇""诚悌勤雅恒"，三纲五常、四端五伦、四维八德，这些让人眼花缭乱的名目就是后世腐儒主导织就的类似文字和数字游戏的伦理规范网的主要内容。然而，翻遍这部烦琐的伦理学词典，几乎找不到和上面两条定义相同或者相近的表述。不单"佴""㧺"两个字本身变得非常生僻，现代汉语也已经很难找到与墨家所提到的这两种人类行为明确对应的概念。

"佴"，墨家自己其实有解释。《经上72》"佴，所然也"，与《经上71》"法，所若而然也"相对而言，这里的"法"原意是工匠所用的模型或原件，而"佴"指仿造原件做成的副本，是模仿他物者。哲学上的原型和副本当然有很重要的意义，比如柏拉图那种影响深远的理念论所表达的意思。具体到对人的思考，按照柏拉图的理论，通常凡间的人都只是一些副本和模仿者，而他们所模仿的完美理念或者原型，就是天上与神共处的人之灵魂，就是神。墨家不讲神鬼灵魂，也不讲形而上学，他们把"狷"和"佴"两种人对立表达，完全不同于柏拉图把人和一种另外的存在对立的想法。所谓"狷"，表面似乎是为人耿介、特立独行，和社会流俗格格不入的一种人，实际上最容易让人联想到的是那些经常被视为异类的人士，比如苏格拉底、庄周、斯宾诺莎、嵇康、陈亮、李贽、卢梭和尼采。而正是这样一些人，凭借他们自己的独立思考，凭借他们不愿意轻易顺应他人的"狷介"，为人生找到各种新的价值和方向、不断带领群"佴"创造各种不同的可能性。

在历史的某些阶段，在人类社会面对不同发展道路的关键时间点，人群中会突然涌现很多自己独立思考的人，这很明显是受了社会形势的刺激，比如中国的春秋战国时期，或者西方民族国家与工商业开始崛起的近代。曾经这样富有创造力的"狷"是颇让有识之士艳羡和肯定的，崇尚中庸的孔子也曾说："不得中行而与之，必也狂狷乎! 狂者进取，狷者有所不为也。"(《论语·子路》)绝对的中庸只是一种理想，像一条线段上唯一不偏不倚的中点那样不易得，那么，退而求其次，人的独立、人的进取、人的不断发现和创造的精神就是一种更可取的价值。然而，为什么社会最后却多以苟延、顺应、八面玲珑、人云亦云为美，为什么充斥人间的是连孔子都不愿轻许的老好人、乡愿、群侔和多偶呢？为什么"知其不可为而为之"的孔子之后，受追捧的却尽是道家那样自作聪明、莫测高深又难得糊涂的世外高人呢？这样的局面是因为狂狷者的傲然激愤遗世独行，还是因为多偶者的与世沉浮自甘堕落？如《列子·力命》所言：

> 多偶、自专、乘权、支立四人相与游于世，胥如志也；穷年不相顾眄，自以时之适也。

道家是彻底的复古派和历史退化论者，他们虽然已经观察到了人脱离自然状态之后的改变，却仍然消极地主张，多偶也好，支立也好，其他各种人生百态也好，都只是某种无可奈何无可考究的形势造就，都是人最自然、最合适的状态，人只能被动地顺应和承受，这就是人的命。固然，"狷"与"侔"本身都只是人生百态之一种，本身并不一定具有伦理的或者现实的高低优劣之分。狷者易创立，能突破，也有更多陷于激进和极端的可能；侔者人行则行，人止则止，随波逐流，东附西和，却是人群和社会自然的稳定阀和缓冲器。侔者的道德底线紧随于狷者的勇决和智慧，狷者的风流新潮受制于侔者的拖沓和反复，他们一起体现了社会和人群整体的精神面貌。

人生于世，有多少自由，又有多少必须顺应和屈服于某些外在的力量，一个社会可以在多大程度上凭人和人群自己的能力来改造和建设，这些问题古今中外一直被讨论。柏拉图说人根本只是某种"理念原型"的仿制品，墨家说人是在模仿别人，是受了他人或者社会的影响和控制，道家则泛泛而言，这一切都是"命"。不过，类似道家《列子》这样超然世外的旁观和栩栩如生的描画，只能反映人类社会一些简单甚至出于主观的特点，充其量只是一种表面的社会运动学。因为不能理解和发现运动现象之间相互的联系，只好把这些运动的原因归结为虚幻的命运或者鬼神的推动和指使，这是一种很古老的思维方式。对于一些更加积极和诚实的思想者来说，他们自然会希望为他们的社会运动学寻找一种合理的解释，来说明鬼神也好，命运也好，社会也好，它们到底如何驱动人的行为，使不同的人表现出不同的精神和道德面貌。也就是说，这样的思想者需要深入思考一种社会动力学。

墨家已经有过一些对于人的道德行为形成机制更深入的思考，他们认为这主要是一种独特的心理作用。

17 嫌，作非也——廉耻，对自己的所为不认可。

18 令，不为所作也——令德，所为不使自己惭愧。

人因为惭愧而感到心理上的不适、难受和负疚，自我谴责，自我约束，乃至杜绝某些行为，追求某种境界，这种自律和改善就是人真正美德的产生和实现。墨家定义"佴""狷""嫌""令"四个概念，关键的一个字是"作"。"作"在现代汉语中很容易被理解成"作为"，使上面四个概念的定义都变得牵强难解，这或许是一种误读。这里的

"作"，应该是今天的"怍"字，《墨经》中最早可能写成异体字"愬"。怍，表示惭愧，也表示自省，如《列子·力命》：

> 子曰："其言之不怍，则为之也难。"

常常三省吾身，反躬自省，这是中国人一以贯之的进德修身重要方法，也是一个品德高尚的坦荡君子基本的操守，如《论语·颜渊》：

> 司马牛问君子，子曰："君子不忧不惧。"曰：
> "不忧不惧，斯谓之君子已乎？"子曰："内省不
> 疚，夫何忧何惧？"

人真正追求道德的动力是一种心理作用，是为了去除某些行为给自己带来的负疚感，达到一种快乐而高超的境界，这是中国古人对伦理现象最深刻的观察，也可以说是孔子"仁"学的核心观念。这种人类对自己的独特要求和由此所获得的巨大回报像一种神迹，使某些道德至上主义者很容易把真正的德行视为来自神的戒律和赐予，或者某种绝对价值的一部分。如果要抛弃这些形而上的空洞解释，来切实地问一问：这种对负疚的忧虑或者恐惧的感觉最早是如何在人心里产生的？为什么同样的行为，有的人寝食难安，惊悚战栗，有的人却能安之若素？为什么不同人的道德戒律可能有相似之处，也可能有显而易见的区别？这样的问题显然已经超出了当时儒家或者墨家的认识。

事实上，通过今天心理学、人类学、社会学等的新发现，有些问题似乎已经隐隐约约有了答案。达尔文的演化

理论告诉我们，人是"优胜劣汰、物竞天择"中自然成就的万物之灵，人的一切生物机理和行为方式只是更好地适应自己所处环境的结果。可以合理地推测，当人从自然走向社会的时候，因为个体的命运和前途越来越和群体休戚相关，如何适应群体性的"大环境"必然成为决定个体生死存亡的更重要的因素，当然也可能在人的生理、心理或者行为方式上产生一些根深蒂固的影响。人类学家通过研究少量幸存的原始社会样本已经清楚地看到，在人类的丛林社会，在酋长或者长老领导的小规模人群中，还没有产生具有绝对权威的君主和国家概念。一个酋长或者领导者如果想驱逐甚至消灭某个成员，必须取得群体所有成员的同意。也就是说，某种社会评判或者习惯法在原始社会相当长时间内可能会对个体具有生杀予夺的权力。冒犯集体的意志，做出某些不被大众认可的行为，在相当程度上意味着使自己面临独处荒野甚至直接被处死的危险境地。长期类似的选择和淘汰，压力和教训，完全有可能培养出个体对社会舆论这种"道德力量"深入灵魂的恐惧心理。不过，说这种后天获得的心理上的习惯，或某种特殊的群体性的行为取向和道德标准，能够很容易地变成一种生物学上的遗传特性而代代相传，似乎又太武断了，也很难找到日常经验或者生理学上的证据。根据我们日常观察，个体道德标准的建立和道德感的养成，更多的还是出于社会的教育，靠的是传统的威严、慈母的唠叨、严父的呵斥甚至棍棒，以及各个方面持续不断的压力和矫正。真正的道德心，最后就产生在"狷"与"佴"这种社会性的对立和张力之中，好像经历生命的痛苦和磨砺之后一颗晶莹圆润的明珠。

三、爱的价值

没有完全的"狷"，也没有绝对的"佴"，每个人都受时代和历史的影响，也是造就新时代和新历史的一部分。这个道理完全可以解释为什么在思想上有如此之多独到见解的墨家学者，有时候在一些关键问题上仍然摆脱不了传统束缚，仍然只能用一些残旧而无用的观念暂时敷衍自己无能为力的局面。最典型的就是关于那无可逃避的，由孔子和墨翟引起的对于"仁"和"兼爱"思想的争论。

关于孔子"仁"之思想的本意，我有一些和历来看法不同的意见。自从孔子门徒片面地把"仁"理解成"爱人"，并试图以此构建一套封建等级社会需要的伦理纲常制度，希望打破这种等级桎梏的墨翟就已经针锋相对地提出了不同的看法。儒家说仁就是爱，但却是一种有等差的，根据人的社会地位和关系而有分别的爱，所谓"君君臣臣父父子子"是也。墨家就完全不愿承认这种分别，而提倡一种所有人对所有人博大、平等、毫无差别的"兼爱"。

7 仁，体爱也——仁，兼爱之一部分。

"仁,体爱也",联系到《经上2》"体,分于兼也",意思无非是,仁是兼爱之一部分,是所有人对所有人全部的爱之一部分。对于这个历史上重要的理论争端和现实问题,新定义除了强调儒墨彼此的分歧,支持墨家的传统主张之外,几乎没有任何更多的意思。正常能够思考的人,尤其是具有像《墨经》中所表现出的那种思维能力的人,怎么会不追问一句:那"爱"又是什么?

这里或许已经触碰到了人类伦理学的核心问题,也注定是当时的墨家还无法回答而只能暂时悬置的问题。爱,当然是一种非常重要的感情,也可以说是一种能稳定维持人与人之间纽带的基本感情。古人对这种感情不可能陌生,毕竟母子之间的爱、情侣之间的爱、父子兄弟族群成员之间的爱在早期人类社会,甚至在动物界高级的物种比如哺乳动物和鸟类中都可以观察到。只不过到了社会发展的特定阶段,人类社会中又产生了各种形式不同而又显然类似的爱,比如孔子的爱人、墨子的兼爱、柏拉图式纯精神的爱,乃至被释迦牟尼和耶稣基督扩展到对生人、对仇敌、对一切人的爱,以及那种更普遍又刚觉醒的人对自我的爱,"人"与"仁"的和谐之爱。

面对如此种类繁多、各具特色、实然确然却又常让人惘然怅然琢磨不透的复杂人类活动,统统用一个"爱"字做标记,要给这样的"爱"一个严格合理的定义,几乎是个不可能的任务。似乎可行的方法是顺着墨家的思路,利用一些新获得的事实切实分析一下这些不同的"爱"，看看"兼爱"到底有多少种，看看它们到底有些什么重要的同和异，看看到底有多少不同的因素决定着这类重要的行为和情感。

爱被人注意首先自然是通过一些可见的行为，比如父母对子女无微不至的照顾和不求回报的付出，情侣之间的眉来眼去、如胶似漆、你侬我侬，父子兄弟部族成员互相关爱照应、休戚与共、风雨同舟。但是如果要问这些常见爱的行为，尤其是比较后起的那些可以算是兼爱、博爱、忘我之爱的社会性行为有什么共同点，除了一条——爱对被爱者常常施予不求回报以外，似乎就没有了。如果仅从行为与利益的关系上区分，说义是尊重他人利益的行为，那爱就是重视他人利益超过自己的行为，一种忘我付出的行为。

把爱这么直接不加装饰地和利益捆绑在一起，一定会让一些玻璃心的浪漫主义信徒受不了。他们会大声反对，纯洁的爱和利益没有半点关系，"我不爱的人，给我一座金山也没法真正让我爱"。这种声明很可能是事实，不过这事实一点不影响这里的讨论，因为我们首先讨论的只是爱是什么样的行为，而不是什么样的行为导致爱。对这样的浪漫主义者，如果问，一个口口声声宣称如何爱的人，常常在背后伤害、利用、牺牲他的爱人，谁还会反对忘我付出必须是爱的一个必要的条件和判断标准？

但是这种仅以利害作为尺度来评判"爱"，来和人其他的伦理行为"义""忠""孝"等等相区分，似乎又变成了那种功利主义的伦理学，同样面对量化和计算的困境。而且，仅仅根据我们的常识和经验，爱和其他的人类行为又有确实不同的内容，只要体验过的人都能相信。因为伴随爱可见的行为，真正爱者内心还有一种不可见的，但是经历者可以实实在在体会到的内心感受。这种感受有时仅为爱者所有。

这样的内心感受其实是一种情绪。对于传统的形而上学家来说，情绪似乎是一种特殊的存在，是人内在精神或者灵魂之类基本存在的一部分，情绪和意识一样，都可以影响人的行为。这种含糊想法的改变要归功于威廉·詹姆斯提出的划时代的情绪理论。詹姆斯指出，是人的心理或者生理活动构成了情绪，所谓情绪只是人对自身生理和心理变化的内部感觉。根据现在生理学和心理学更进一步的认识，情绪反应一方面受大脑某些部分的控制和影响，又因为大脑主要是根据接受的外部刺激做出反应，也就是说情绪可由外界刺激间接产生。另一方面，情绪功能的实现必须由人体内自主神经系统比如交感神经，以及各种腺体分泌的独特化学物质，也就是各种激素，自动控制各器官和组织完成动作。关于某些典型的情绪反应的内在表现，生理学家坎农在《躯体的智慧》中如此描述：

呼吸加深，心率增快、动脉压升高，血液分布从胃肠移向心脏、中枢神经系统和肌肉，消化道的各种活动中止，肝释放出所存的糖，脾收缩并放出浓缩在脾内的血细胞，并从肾上腺髓质分泌出肾上腺素。

坎农描述的这些生理反应都是在外界刺激下，但是并非大脑和中枢神经系统直接指挥下的动作，是机体自发的反应，也就是我们习惯所说的本能。人真正属于本能的情绪其实很少，行为主义心理学家研究后认为只有三种，分别是恐惧、愤怒和爱，其他人类常见情绪都只是后天形成的本能情绪的复杂组合。恐惧和愤怒是本能很容易理解，坎农认为这些反应都是机体在感受到外界威胁时准备逃避或战斗的自发防卫机制，可以说这种良好的本能是自然选择的结果。而关于行为主义所说爱的本能，最早在婴儿感觉到爱抚、温饱、安全、舒适时自发表现出来。显然，严格来说，这是一种被爱的感觉，而不是爱。

仅仅通过对人类幼儿细致的观察也可以发现，爱和其他许多情绪，比如感动、期盼、温柔、惊奇、厌恶、嫉妒、邪恶、服从等，都是人后天形成的情绪。但是这些情绪的形成首先需要某些复杂的生理结构和功能的支持，这个推论可以被许多事实验证，也能用来解释很多让人困惑的事实。坎农曾经做过一个著名的实验，切除了一只母猫的交感神经。这只可怜的猫活了下来，几个月后还生下了三只小猫。但是母猫身体已不能分泌乳汁，最奇怪的是它全然失去了母性的爱，不照顾小猫，完全冷漠地看待它们。可以猜测，最稳固的母爱其实是一种能力，一种高等动物和成熟的母亲才具有的生理和心理能力。与此类似，情侣之间那种在一定年龄阶段才表现得最热烈最明显的爱，必然和生理发育上的某些变化有关。

如果说生理结构只是具有某些特殊感情的必要条件，某些心理作用可能是更多不同形式的爱或恨产生的相对直接然而充满偶然性的原因。能解释这种情感机制的最著名理论是巴甫洛夫关于条件反射的实验。一条狗本来在食物刺激时才会无条件反射，比如口腔自动分泌唾液，却因为喂食饲养员的脚步常常和食物的到来联系在一起，以致狗在生理上形成了一种习惯，对饲养员的脚步声表现出对于食物同样的反应，控制不住地口水直流。这种条件反射的心理机制很重要，它能解释为什么动物少量的生理本能可以形成无比复杂的各种"心理"现象，也可以解释很多人类莫名的情感形成的原因。后来行为主义心理学的另一位代表人物华生做过一个颇有争议的小阿尔伯特实验，直接在人的行为中观察到了因为条件反射而被转移或者扩大化了的本能恐惧情绪。

不用领会太多关于行为主义心理学的细节，这种情绪形成机制已经足够我们理解人类情绪和行为的复杂、偶然和非理性。正如《改变心理学的四十项研究》所说：

经典条件反射关注反射行为：这些行为不为

意识所控制。任何一种中性刺激都可用于形成条件反射。通过建立经典条件反射，你会在听到门铃声时眨左眼，看到蓝色闪光时心跳加快，或是吃草莓时产生性欲冲动。门铃、蓝光和草莓都是与条件反应无关的中性刺激，直到它们与无条件刺激配对联系起来时才成为条件刺激。这些条件反应即眨眼（如对着眼睛吹气）、心率加快（如突然一声巨响）和性冲动（如浪漫的拥抱）。

虽然行为主义远远不能代表心理学的全部，也不能完全解释人类的所有心理活动，但是他们发现的事实已经足以让那种纯粹的功利主义想法破产，甚至让那些希望通过用其他方法确证人类行为价值的合理性、绝对性、完美性的人也感到绝望。那么多对人来说无比实在和重要的感觉、情绪和行为，其产生却毫无规律，无关天道，不合逻辑，无法计算，那所有人类为了自身福祉而有意识地努力，难道都是在和虚空的偶然性战斗？难道我们只能像古人一样，把极乐的世界、永恒的天国仅仅建立在一个信仰的彼岸？

其实大可不必如此悲观。虽然日常生活中无数随机和偶然的条件反射不断累积和变化形成了人丰富多彩的感情世界，但是每个人的际遇中都有某些相对固定的条件，决定了那些人类共同的情感。经常从父母亲精心照顾中获得愉悦的孩子慢慢有了对父母条件反射式的依恋和爱；家庭成员和团队伙伴之间朝夕相处亲密无间更容易刺激人愉悦的反应，产生相互之间关爱互助的意愿；甚至在一个更大范围内的互相较少直接联系的人群，也会因为一些共同利益和命运的感同身受，产生一些感情上的认同和归属，形成民族、国家，甚至人类之间的特殊纽带。到了最后，这种"爱"，这种奇妙的感情本身被发现了，它成为一种独立的"存在"，被关注、思考，甚至崇拜，成了一种哲学和宗教，成了类似中国后来那种超越"体爱"和"兼爱"，超越一切具体对象的"万物一体之仁"。

人类成功的关于爱的鼓动和实践，往往披着一件神秘的非理性的宗教外衣，或者最多也只是像孔墨的教谕那样并不完备的理论。然而，关于这种更广泛的爱的思考，也是人类社会进步到一定阶段，在一些新观察到的事实刺激下产生的，并非纯粹出于宗教的冥想和创造。在孔墨生活的时代、释迦牟尼出世的时代、基督降临的时代，这些智者和哲人肯定都观察或者实际经验到了现实社会中众多爱的实例，并发现了这种感情对人类的特殊价值。显然，我们不能相信各种不同人群对这种美好感情的普遍态度只是一种群体性的梦呓和巧合，只是一些过时的宗教寓言和理论说教。一定有某些未曾发现和注意的事实和规律能解释这种特殊历史现象的发生。

其实行为主义心理学的发现已经对此有所启发。虽然人只有少数本能的情绪，大部分情绪都是后天经验的结果，是复杂的条件反射导致的本能情绪的转移和扩大。但是，对于人内心的感受来说，爱和被爱有着相同或者近似的体验，爱只是被爱的条件反射，而不可能是恐惧和愤怒的条件反射。更多的被爱刺激了更多的欢愉、宽大和爱，更多的恐惧和愤怒也制造了更多让人悲哀、痛苦和毁灭的负面情绪。这道理已经告诉我们为什么物质丰富的社会、和谐的人际关系、满足而平和的心态会产生更多的爱和被爱，也告诉我们为什么贫困、掠夺、仇恨和报复是真正心灵和社会的毒药。

但是，在所有影响爱的条件中，很多外界因素不是单独的个体可以控制的，而每个人的心理活动却相对更多受自我调节和暗示的影响。很多时候，我们不能决定是否被爱，但可以决定是否爱，爱和被爱对个体来说又几乎有同样的心理感受和效果，让人满足、让人治愈、让人幸福甚至解脱。这构成了那些一直以来被当作神话流传的关于爱的宗教经验和神秘体验的事实基础，比如詹姆斯在他的《宗教经验种种》中苦心收罗的那些事例。同样，这也说明了已经脱离原始迷信和崇拜的高级宗教在人类社会某些阶段依然广泛存在的原因，并且暗示，只要人类没有完全摆脱苦难和不幸，这种宗教感情就永远有存在的基础。显然，相较于宗教内向的、消极的，甚至可以说自我麻痹的幸福制造方案，如何在人类社会制造尽量多爱的刺激物才是一种更加外向的、积极的、真实的解决之道。这也是近代以来人类社会、经济、政治、哲学、科学发展的主要方向，而宗教生活则退回到作为一种个人精神追求的辅助和补充手段的地位。现代伦理学，应该是基于这样一种对人和人类社会认识更加健康的伦理学。

第四章
我与非我的边界和冲突

——墨家心理学

一、对自我的思考

《经上》把子思"五行"中的"智"单独提出作为认识论的一个重要概念，表明墨者不承认知识是一个从属于道德的范畴，也表明他们不仅某些具体的伦理观念与儒家意见不同，还代表了中国最早工商业者的思维方式及其道德观念。但这种变化，相比于后来占主流的传统思想而言，只是一种被失落的智慧。和这种智慧一起失落的，是墨者采用其新方法获取知识的切实努力及所取得的初步成就。《墨经》后面部分讨论的可以说就是这些最初的"知识"。

什么是知识？什么是真理？什么是科学？这些都是哲学史尤其是西方哲学史历来聚讼不已的重要问题。这些概念没有清晰的界定，其性质亦难以判断。比如，心理学在何种程度上可以成为一种严格系统的科学？人能认识自己的全部心理活动及其规律，然后认识自身吗？传统那些充满神秘意味或者独断想法的神学和玄学，传统上关于灵魂、自我、神通、附体、灵异事件的解释和今天的心理学是一种什么样的关系? 这些问题正是近代心理学赖以发生的基础, 也是其不得不面对和解决的问题, 直到今天也不能说解决得很好。当十九世纪晚期威廉·詹姆斯创作其巨著《心理学原理》时, 他力求提供尽量多关于心理学研究的最新事实, 并阐述其基于这些事实的创见, 却并不想为心理学建立当时思想界推崇的融贯科学体系。而这, 或许正是一种"科学"的态度。

在《墨经》创作的时代, 当然更不可能有什么系统的心理学理论, 也少有关于心理学的专门研究, 时人于心理现象亦少洞见。《墨经》中心理学相关的定义简单且不起眼, 与传统对心理的认识毫无瓜葛, 若非借助一些近代心理学的研究成果, 几乎看不出墨家是在专门谈心理学。比如这一条突兀的定义:

《经上 21》力, 刑之所以奋也——力, 使人形体张紧者。

乍一看, 这条定义更像是在谈论物理学。伽利略、牛顿等开创的经典物理学体系, 其研究的一个基本对象就是这种来源于肌肉感觉的"存在"——力。之前和同时的哲学家, 很多也是根据这种肌肉感觉来界定和认识物质世界, 所以他们认为"物质"的本质其实是广延, 或者又叫"不可入性"——一物若占有某处, 天然排斥他物的入侵。这种排斥, 体现在人认知上的结果, 就是那种与"物"抵触时形体肌肉紧张的感觉——力。按照现代物理学的新认识，牛顿提出的万有引力，和我们在推压物体时受到的电磁力阻碍，有完全不同的作用机理，也是根本不同的物理存在。力这种仅仅来源于人内部感觉的对外部世界的确定，也和灵魂精神之类模糊概念一样更像是一个形而上的存在。今天的物理学家宁愿用一些更容易观察和定义的运动或变化来代替这种不容易把握的"力"，比如物体相互的位置、速度和加速度。但是，物理学上可以放弃的"力"在心理上带给人的内部感觉，那种物我相干时因为肌肉紧张而引起的压迫、抗拒和被侵犯感仍然是实实在在的，是在心理学上具有某种特殊意义的真实存在。

这种感觉所导致的心理上的效果，或许正是墨家如此郑重记下这条定义的缘由。人很早就观察到，与外部发生关系，能够感受各种刺激的主要是视听触味嗅五种感觉。虽然近代学者对某些感觉又做了更精细的区分和扩容，比如强调单独的温觉、运动觉等，但就本质来说变化不大。那么这些感觉除了其专门的认知功能，在心理上是否有其他作用，具有某种特别的意义呢？历来的哲学家大多特别青睐"视"，喜欢主要甚至只拿视觉来讨论。比如"色即是空，空即是色"这句几乎尽人皆知的唯心主义警句，就是用颜色代表了人感知世界形成的所有意象。这种偏向很容易理解，因为视觉是我们最灵活、最自由、最明晰，而且几乎无时无刻不在为我们提供外界信息的感官，自然获得了最多的关注和重视。

不过，视觉这种重要地位被夸大了。传统以为是属于视觉的一些功能，被后世发现并不是视觉可以独立实现的，很多都需要借助其他感觉，尤其是触觉的帮助，然后凭借大脑对各种经验的综合作用完成。贝克莱为了论证这种观点，专门写了一本《视觉新论》来予以分析。经验主义者由此推断，一个先天的盲人如果后来因为医疗手段恢复视觉，他不可能马上凭视觉识别他以前熟知的日常事物，他必须在新所见的图像和既往经验建立联系后才能正常地认识，这个推论后来被实验观察证实了。

按照经验主义的观点，初生的人心灵就像一张白纸，一切知识都是后来经验的积累和发展。不过，这种简单的论述还是没有彻底和他们的理性主义对手决裂——初生的人就有"心灵"吗？那是否就是理性主义者所说的永恒"灵魂"？如果这样的话，这两种理论的区别将不在于是否有永恒存在的灵魂，而在于灵魂刚进入人体时有多少知识。事实上，一个人，或者说一个有"心灵"的人，一个意识到自己和他物区别的独立而有理性的存在，是如何以及从什么时候开始的，这是心理学需要解决的重要问题。

有一些简单的事实一直没有被重视。一个正常的"人"产生当然需要一些必要的身体和心理功能，比如正常发育的大脑和神经系统，也需要有正常生长的环境和教育，而不能是在野外被野兽抚养长大。但是，如果一个人心脑正常，环境正常，还有什么条件是形成正常的人格必不可少的呢？我们见过先天的盲人、聋哑人，甚至聋盲人都可以通过某些特殊教育成为有理性的甚至杰出的人，可是我们有见过毫无触觉而能合理生活，甚至能够存活的人吗？

触觉，准确地说就是能够通过肌肉张紧感知"力"的感觉，不但是我们认知外部世界不可或缺的方式，而且更可能是我们形成"自我"认知的最初原因。哲学家可以为了眼见之"物"到底是在心内还是心外争执不休，但是外部世界和我们的肌肤接触时产生的"力"早已经清晰地为每个人划清了"自我"的界线，让人明确意识到自己和他物的分别。十九世纪法国心理学家比朗和苏格兰心理学家托马斯·布朗都专门研究过这个问题，他们认为"自我"意识是由婴儿期的盲目运动受到外界抵抗引起的，关键就是人的这种"肌肉感觉"：

> 自我并不是一开头就意识到它自己的。它不是直接被体验到的。但是，在使自己适应环境的过程中，他逐渐意识到自我和非我之间的区别。在这个过程中，有两个步骤。像哭喊和肢体动作这样的活动先是机械地引起的。它们的发生是依据卡巴尼斯曾经强调过的那些原理。但是，当以后同样的刺激又重复出现时，在经验领域中就分成两部分，我们对之施加反应的客体或事物，和发出反应的自我。（《近代心理学历史导引》）

不过，他们在一点问题上有争议：为什么婴儿要哭闹，要手舞足蹈去触碰外界那堵森严的墙？比朗说是因为一种神秘的意志力，这显然是受了当时那种以情感、意志代替灵魂、心灵、理性等关于人的实体的哲学潮流影响，才在这种严格的经验主义分析中留下了一条形而上学的尾巴。在我们今天看来，婴儿的意志，除了痛饥惧怒时机体自然的反应，除了那种高级的生命形式在生存中探索和应对外界时的独特运动方式，还有什么其他含义吗？

一般认为，生命是自然界特别的存在，人又似乎是所有生命中最独特的存在，有某些其他生命所不具有的智慧和理性。生命和人这种神奇之处一直让哲人费解：生物是产生于非生物的，还是有其特别的起源？人这种有独特理性的生命又是从哪里来的？当人对这些问题茫然不解的时候，求助于某种神奇的存在，比如至高无上的神，就成了一种简便自然而且充满诱惑的选择。各种天地开辟、人类创生的神话，都倾向于把世界、生命、智慧的本源看成神奇的存在，以便将其与世界本身做方便的切割和解释。

这种传统的影响非常强大，到了近代对世界的具体知识已经相当丰富的时候，依然无法被完全抛弃，给爱思考的哲学家带来了大麻烦。笛卡儿是近代理性主义者最著名的代表，他坚持柏拉图以来的观念，认为精神是和物质同样独立存在的实体，都是人之为人不可或缺的存在。但是，柏拉图说灵魂分三种，分别在脑、胸、腹中，这样的观念在笛卡儿时代已不被接受：人的灵魂必须是崇高不可分的整体，且必定居于脑中。但是当时解剖学的知识让笛卡儿也犯了难，人脑分左脑和右脑，两处并立且同等重要，灵魂又该居于何处呢？笛卡儿精心研究了人脑的结构，指出独居大脑中央的松果体必然是灵魂的居所。但当后世对松果体的结构和功能有了更清楚的认识，再无多余空间留给武断的猜想藏身之后，笛卡儿的"灵魂"就不得不面临流离失所的局面。

但是，笛卡儿，也包括所有关注过人和生命的其他哲学家，有一个观念并没有错，那就是作为人来说，除了物质的形体，还有一种奇特的智慧或者理性是必不可少的。正如《经上》的这条定义：

22 生，刑与知处也——生命，形和知的共同作用。

若仅描述现象，对人之为人的这种界定尚属精炼。但当哲学家开始讨论这些现象的成因，开始追究物质和精神的确切起源时，有人由于对理性和直觉过于信赖，对未知的猜想过于独断，引入了太多非必要的实体，才走上了一条歧路。墨家哲学根本上是反形而上学的，真正继承了源于孔子的那种"知之为知之，不知为不知"的严谨态度，所以未曾妄断生命或者智慧的起源。当时对此除了各类神话，也有其他性质的猜想，比如《庄子·至乐》中：

种有几，得水则为继，得水土之际则为蛙蟆之衣，生于陵屯则为陵舄，陵舄得郁栖则为乌足。乌足之根为蛴螬，其叶为胡蝶。胡蝶胥也化而为虫，

生于灶下，其状若脱，其名为鸲掇。鸲掇千日为鸟，
其名为干余骨。干余骨之沫为斯弥，斯弥为食醯。
颐辂生乎食醯，黄轵生乎九猷，瞀芮生乎腐蠸。羊
奚比乎不箰，久竹生青宁；青宁生程，程生马，马生
人，人又反入于机。万物皆出于机，皆入于机。

不必轻易断言这是一种最早的生命演化论，有充足论
据的严密理论和在少量事实和大量想象基础上的大胆猜
测，其意义是完全不一样的。但是，能想象出上面这种复
杂演化过程的人，其生物学知识肯定要比那些空洞的神造
天赋论者丰富多了，虽然其中可被攻击的漏洞也更多。或
许，科学的进步就是用更多的事实把大胆猜想中的漏洞不
断补足或推翻的过程。

二、人的形智二难困境

墨家对于人的形与智两种不同现象的认识并不是他
们的创见，而只是对前人智慧一种朴素的总结。按照今天
了解的人类进步和认识的发展规律，人是从动物中逐渐分
离出来的，人起初认识自己的方式和认识其他动物没有什
么根本区别。甲骨文中的人字和牛马羊一样都是象形字，
都是从外形上对不同事物的刻画。人观察到自己的智慧、
理性、精神、伦理之类其他更复杂的现象，必然是在人类
社会产生这些现象之后，在"知"对于"形"的地位无法忽

视的时候。古人对这种现象的表达起初只是在最古的"人"字旁加刻两点，意指某种和人的外形不同的存在，这个分化字后来演化成"仁"字。到了孔子时代，"仁"已经成了人之为人的核心问题，也成了孔子学问的中心所在。孔子追求的最高理想就是达到人和仁、肉体和精神和谐统一的境界，以及由此派生的关于人类社会的完美制度和状态。

如果肉体和精神都是人在一种生物演化和社会演进过程中自然产生的，都是人之为人必不可少的条件，为什么两者对人的行为的影响又如此不同，产生如此多的错乱和矛盾，给人造成如此多的痛苦和麻烦，乃至需要当作人和人类社会的核心问题来予以关注？希望对于人和人类社会做切实研究以便对这些事实予以说明，应该是今天很多心理学家社会学家的一个共识。现存资料很难说明墨家为此做过哪些专门研究，但是他们关注的概念已经涉及了上述问题：

23 卧，知无知也——睡眠，意识暂时停止活动。

24 梦，卧而以为然也——梦，睡眠时自以为处于某种状态。

梦当然是一种重要的精神现象，对这种现象无知的古人甚至常常把它神化，使本质上因它而起的许多虚构和传说演化成原始的宗教和迷信，成为人类文化起源的一个重要组成部分。古籍中记录了很多奇怪而引人兴趣的梦，比如《左传·成公十年》中的一段：

晋侯梦大厉，被发及地，搏膺而踊，曰："杀余孙，不义。余得请于帝矣！"坏大门及寝门而入。公惧，入于室。又坏户。公觉，召桑田巫。巫言如梦。公曰："何如？"曰："不食新矣。"公疾病，求医于秦，秦伯使医缓为之。未至，公梦疾为二竖子，曰："彼，良医也。惧伤我，焉逃之？"其一曰："居肓之上，膏之下，若我何？"医至，曰："疾不可为也。在肓之上，膏之下，攻之不可，达之不及，药不至焉，不可为也！"公曰："良医也。"厚为之礼而归之。六月丙午，晋侯欲麦，使甸人献麦，馈人为之。召桑田巫，示而杀之。将食，张；如厕，陷而卒。小臣有晨梦负公以登天，及日中，负晋侯出诸厕，遂以为殉。

到了人类哲学兴盛的时代，梦往往被简单地看作是一种虚构，是和现实有所区别的现象。但这两种现象又如此容易混淆，让人迷惑，使人轻易地滑入思维的另一个极端，不再把梦当作实在，而是把实在比作梦，如《庄子·齐物论》中的记载：

梦饮酒者，旦而哭泣；梦哭泣者，旦而田猎。方其梦也，不知其梦也。梦之中又占其梦焉，觉而后知其梦也。且有大觉而后知此其大梦也，而愚者自以为觉，窃窃然知之。

这是一个极端唯心论者能自圆其说的完美构想：整个

人生和世界都只是一种虚幻的梦境，不管这种梦境是一个妄人胡乱而充满矛盾破绽的虚构，还是一种绝对全能"存在"的精心创造，或者如今天最新的版本——是某些功能强大的超级电脑或者智慧生命的杰作。这样的观念在逻辑上是驳不倒的，但历来不乏对此大梦论的驳斥，如《关尹子·九药》：

> 言道者如言梦。夫言梦者曰："如此金玉，如此器皿，如此禽兽。"言者能言之，不能取而与之；听者能闻之，不能受而得之。唯善听者，不泥不辩。

唯理论者言道如同言梦，唯心论者言梦即是言道。唯理也好，唯心也好，这些完全形而上的造作其实都没法用梦中的事实矛盾来予以驳斥，因为所有的事实都可以蕴含在梦这个大逻辑之下。意识到这种困境的哲学家，比如说洛克，在竭力而徒劳地对人生如梦这种观念予以分析反驳之后，最后却不得不采取一种实用主义的态度。他的意思不过是说，我们的智慧实际上无法让我们判断世界是不是梦，充其量只能在"梦境"之中，帮助我们尽力多取金玉，远离禽兽，尽力多成就一些美梦而避免人生成为一场噩梦。

善听的墨家没有介入那种关于梦的形而上学讨论，他们关心的是大梦之中的那些小梦，那些有血有肉的个体在日常生活之中或神秘或混沌或寻常或难以启齿的梦，比如上面载入史册的那些梦，或者像后世《红楼梦》中描述的那些形形色色的梦中之梦。这样的梦对人有什么不同寻常的意义吗？从原始人群开始，直到今天被最新的科学和技术全面武装起来的现代人，在午夜梦回大梦初醒的时候难免满怀疑虑地嘀咕："怎么会没有？"但是，在弗洛伊德《释梦》出版之前，几乎没有人能发现通往这个神秘世界的可能门径，没有人能看出那些梦里梦外隐藏的启示和意义。

按照弗洛伊德的理论，梦其实是人各种欲望在睡眠中的伪装满足。欲望无非是生理或者心理的需求，需求得不到满足就会导致生理和心理上的痛苦和不适。这些需求一般是寻常的，可以即时满足，但是也有很多欲望在人类社会发展进程中渐渐被视为"不洁"的或"邪恶"的，因为某些社会性伦理和规范的原因不断受到外界的干预和打压，以至于不能得到正常的满足。幼儿经常尿床是一种可以接受的常态，而成长的过程中这种自然的生理现象会不断受到"教育"，因为尿床的自然状态必须校正，社会性的人必须形成符合社会价值观的"习惯"。受过类似"教育"的社会人，有了尿意会梦见找厕所，是大脑在不打断睡眠的情况下一种权宜之计，如果尿意太急迫，正常的成人自然就会醒来而不再尿在床上。所有被外力压抑的欲望，或者在梦里用一种伪装的形式表现出来，变成一种机体应付外界压力的可能策略；或者更加严重而成为一种日常生活中不能正常适应社会和调整身心状况的心理疾病，比如说癔症。卧而以为然可以说是梦, 醒而常常以非然为然, 就是一种精神疾病了。弗洛伊德这种创新的研究和看法为人类认识自己及社会提供了全新的方向, 使他成为二十世纪以来最有影响力的心理学家和思想家之一。不过, 他因为太强调人某些基本的欲望, 比如说性欲, 使他的理论在应用于复杂人性的时候也遇到很多困难。他的"性力"几乎变成了类似牛顿"万有引力"那样的形而上学实体, 引起了后来一些心理分析学家的反对。弗洛伊德曾经最得意的支持者荣格认为, 不光是性, 人任何无法得到正常满足的需求都可能因为压抑和伪装, 只能以梦或者心理和行为异常的形式表现出来。

弗洛伊德和荣格都是心理学家, 也是专业的心理医生, 他们的工作和实践为很多精神疾病患者恢复正常生活提供了巨大的帮助。但是, 他们的理论对于正常人的生活, 乃至对于人和人类努力追求的美好生活又有什么启示呢? 深受精神分析和行为主义心理学影响的美国心理学家马斯洛专门研究了驱动灵长类动物和人类行为的需求, 把它们由低到高分为生理需求、安全需求、爱与归属的需求、尊重的需求、自我实现的需求等不同等级。到此为止, 关于欲望、需求、行为和社会活动的心理学才算是有了一个完整的轮廓, 人才了解了一条从完全动物性的精灵通往一种社会性智慧存在的较清晰的道路。问题的症结在于, 人作为一种社会性的动物, 不管什么样的需求在实现过程中都要受到社会的约束和规范，产生令人痛苦的冲突和压抑。孔子说自己"七十而从心所欲，不逾矩"。欲望和规矩无冲突，当然可以身心和谐，境界超然，达到真正的仁者之道，但这是如何做到的呢？是人要不断地压抑调整自己的欲望去完全符合社会的要求，还是社会强加给人的规矩也有不断调整的必要，以适合人的发展和进步？孔子之后的儒家门徒，从思孟学派到后来宋明理学为主要的代表，选择了一条极端的道路。在他们的理论体系中，欲望是一种必须除之而后快的"恶"，而遵循某种所谓"最高的天道"——一种披着神秘外衣的社会性强权——则是人的终极价值所在。理学家威名赫赫的"去人欲，存天理"口号，本意如此而已！

在这一点上，墨家似乎更像真正孔子精神的传人，也秉持了孔子素来中庸和务实的态度。他们先是平实地描述了一种人心不受各种欲望纷扰的真实境界：

25 平，知无欲恶也——平和，没有欲求或者嫌恶的意识。

这种平的境界，显然就是欲望和理智的冲突得以平息，精神和肉体上的痛苦能够消除的境界，是弗洛伊德和荣格千方百计为他们的病人争取达到的境界。更进一步来说，也可以是孔子的仁和庄子的逍遥境界，是释迦牟尼的解脱、涅槃和耶稣基督启示给人的极乐天国境界。这种境界，也是墨家认为值得人和人类社会去追求实现的境界。

同那些极端的理学家和崇高而不问世务的宗教家不同的是，墨家提出一个美好的境界，更在意的是希望通过切实的努力去实现它，去治人乃至治天下：

28 治，求得也——治理，追求事物达到某种状态。

虽然以人和人类社会的复杂程度，墨家当时还不可能了解多少人类社会和心理的相互作用机理，更不可能提出什么科学的措施和方法来促进人和社会真正的福祉，但是很明显，他们对影响人心理和行为的主要机制已经有非常明确的判断：

76 为，穷知而县于欲也——行为，穷尽理性满足欲望的驱使。（或为考据误置为 76，原文在 26、27 之间）

按照墨家一向从切实的行为出发分析缥缈人心的态度，人的行为无非是内在需求和外在社会压力共同作用的结果。欲望是行为的驱动力，而理智更多只是协调内外认知，提供和选择满足自身各种欲望的行为和手段。洛克在他的《人类理解论》卷二第二十一章曾经对理性和欲望如何影响人的行为做过大量细致的分析，几乎可以看作墨家这条定义的一个"新说"。而这种对理性和欲望的新认识体现在形而上学上，则是一种明显从理性论向意志论转变的潮流，也就是近代从笛卡儿、斯宾诺莎、莱布尼兹向叔本华、尼采等转变的潮流。

三、社会如何影响人的行为

人主要是一种社会性的动物，研究社会如何作用于人的心理状态和行为，以及人与人之间如何相互交流、沟通、协作和团结，当然是研究人之心理的一个重要内容。不能说墨家下面的某些定义就是一种最早的社会心理学或者语言心理学，但是墨家把这些内容放在一起讨论，显然是关注到这些部分对人本身的影响，而不是简单把它们看作一种泛泛的关于经济、社会、语言、逻辑的纯学术的定义。

之前提到过，墨家已经把物质或情感上的好恶与人的行为之间的关系做了一种心理动力学的处理：

26 利，所得而喜也——利，得到之后使人喜悦者。

27 害，所得而恶也——害，得到之后使人嫌恶者。

关于社会对于人的影响他们同样有类似的倾向，比如舆论如何影响人：

29 誉，明美也——赞誉，指明某种言行之美好。

30 诽，明恶也——批评，指明某种言行之丑恶。

物质上的力可以直接作用于人的机体，限制和决定人能进行或不能进行某种行为，让人最先感觉到自己和外部世界的界线。同样，某种精神上的"力"则通过作用于人的认知和意识，从心理上限制和决定人采取或不采取某种方式行动，从而也让人感受到本来的我和外部世界的隔阂与冲突。所有这些外部力量同"本我"冲突与协调的结果再通过人的行为表现出来，形成了某种"人格"，某种"自我"。如果说社会对人强制性的奖赏或惩罚——法制或则暴力——是一种显性的外力，而那种非强制性的，但是在人群和社会中绵绵密密无处不在包裹着每一个个体的道德和舆论力量则是一种虽然隐性却可能更持久和强大的限制力量。中国历史上儒家和法家的分野，其实根本在于主张应用精神力量中哪一种作为规范人群行为的主要选择，而近代西方机械论者则宣称所有的力量最终都可以归结为物质的力，上帝或者灵魂只是在精神上启动了这架机器。

物质的力本质上是组成物质的"原子"中无数细微电子场相互作用产生的电磁力的合力，舆论力量也可以看作是无数琐屑的言辞、微妙的表情、隐晦的暗示、直接的反对中叠加起来的连续不断的赞誉、同意、容许、鄙夷、批评、攻击的共同作用。条件反射的发现已经让这种无处不在的细微心理活动能同纯机械和物理的生理构造合乎逻辑地联系起来的可能不复存在，从心理学上分析每个细微的心理活动到外显行为是如何发生和完成的，就成了解释舆论力量究竟如何作用于人的几乎唯一出路。近现代的心理学家已经开始着手这样的研究。詹姆斯就明确地主张，人的自我除了物质的和精神的意义，还有一种非常重要的"社会性"的自我，渴望被同类认同可以说是人一种核心的需求。这种心理需求当然也会影响人的行为，二十世纪中期心理学家所罗门·阿希对从众行为的系统研究就已在实验中确凿观察到非理性的"从众效应"的存在，并初步分析了一些影响从众行为的可能因素，比如社会支持、团队认同和归属感、团队规模及一些个体条件。

人能够在进步发展中团结起来，组织成规模庞大的群体社会面对环境的挑战，除了一些动物性的原始沟通方式，强大的语言功能显然发挥了至关重要的作用。《经上》下面两条定义是关于语言的：

31 举，拟实也——观念，模拟某种实在。

32 言，出举也——语言，对观念的表达。

语言是表达对某种实在的模拟，这是一个颇为含糊而容易引发争议的定义，但是不失为一个可以启发讨论的基础。粗略说来，人所认为世界上最本然的"实在"，最开始就是人能实实在在观察到的那些"东西"，比如一棵树、一片云、一朵花、一个新奇之物。人对这些物最本原的表示方法是"指示"，是局限在认识者和被认识者都在场的情况下一种笨拙的方式。指示的方式多种多样，可以是肢体、眼神、声音，也可以是约定俗成的各种标记和符号。是在人的实践中，各种标记和符号才慢慢变成了"实在"的一种替代物，一种可以非常方便灵活地唤起对实在的认知甚至切实身体感受的神奇工具，使"指示"扩大到了"举示"，使能摆脱"在场"限制的"语言"最终产生。

从这种意义上来说，一切具有简单认知功能和表达方式的生物都可能有某种广义的语言，而真正人类语言的神奇之处是在于人类能在更强大的认知功能基础上，对于实在加以更复杂地认识和创造。这时候语言所表示的早已不是自然界本来的实在，而是人所有能意识到、能想到、能创造、能表达的各种"观念"，这样的实在不在自然界，而在人的意识界。一个天生的盲人，所有关于色彩的语言对他的意识来说都是模糊不清的；一个没有见过飞机的原始人，只会自然把天空飞过的那个庞然大物想象成他能理解的一只大鸟；抽象的概念、空洞的伦理规范对不理解他的人来说就是一串杂音。能否在意识中形成相关的观念，甚至直接引起某种情绪反应和外在行为，是语言是否具有意义和生命的基础。

语言表达的是观念，还是实在，名以命意还是名以命物，这曾经是哲学史上一个非常重要的争论。最极端的柏拉图认为，不只在场的个别事物，甚至所有不在场的类名所指之物，比如人、猫、树等，都有某种"实体"存在。这个"实体"就是所有现实事物——那些具体或不具体的人、猫、树——完美的"理念"或者"原型"，它们存在于理想的天国中。这种形而上学说法显然很难解释那些非名词性的词或者虚词。另一种代表性的意见认为词就是观念的表达，即使那些语言的最原始形式，那些在场的"指示"，所指示者也不是某物，而是心中对某物所显示性质的注意，指示的是眼所见之图像、耳所听之声响、心中的意识和观念。中国最早明确持这种立场的哲学家是战国时的公孙龙，他的意见概括来说就是"有意不心，有指不至，有物不尽"，而西方最早彻底和详细地对语言表达观念的具体机制予以分析的是洛克，他的解说适合和公孙龙的《指物论》一起读。就墨家的定义来说，他们所谓的"举"只是一种对"实在"的模拟，而这种模拟并不像一个现实的仿制品那样存在于真实世界，而是发生在人的精神世界中。所谓"出举"，就是用这种彼此可以意会的"举"在受者的大脑中刺激一种和现实相关的心理活动，是在传递一种意识或者观念。

近代以来，对于"语言"的那种极端唯实论解释已经不大流行，但是隐藏在日常语言和思维习惯中的形而上学倾向仍然是引起哲学理论和现实生活中众多争议的一个顽固的原因。二十世纪逻辑实证主义的代表人物艾耶尔希望用一种方法把这个问题彻底解决，他提出了"可证实性原则"：当且仅当一个陈述或者是分析或者经验可以证实的时候，这个陈述才被认为在字面上是有意义的。所谓分析的，就是逻辑上的推论，这主要指数学或者逻辑学的语句；所谓经验上可证实的，就是可以利用人的感觉予以区分验证的，包括我们的日常感觉或者科学上对事实的判断。而形而上学既不是分析的也不是经验上可以证实的，所以艾耶尔以此断言，形而上学语句本质上是无意义的。

艾耶尔在《语言、真理和逻辑》第一章"拒斥形而上学"中有一段议论非常细致地分析了"实体"和实体的"属性"——也就是实体带给人的感觉认识——在人关于语言的认识中的错位，非常有启发意义：

我们已经论到的"实体"一词的用法，给予我们一个很好的例子，来说明形而上学多半是由于这样的一种方式所形成的。它是从这种情况产生的，即在我们的语言中，我们不能涉及一个事物的感觉属性，而没有引进一个用以代表事物本身、并且与表述这个事物的词相对立的词或短语。而由于这种情况，那些沾染了原始迷信的人，认为每一个名字必须有一个单一的实在的东西与之符合，他们假定有必要在逻辑上把事物本身与它的任何的或全部的感觉的属性区别开来。所以，他们用"实体"一词去指事物本身。但是从我们偶然地用一个单一的词去指一个事物，并把那个词作为我们用以涉及那个事物的感觉现象的那个句子的语法主词，这无论如何也不能推论认为那个事物本身是一个"单一的东西"，或者，这个事物本身不能用它的现象的全体来下定义。我们在说"事物的"现象时，我们好像要把事物与现象区别开来，但是，那只是语言用法上的偶然情况。逻辑分析表明，使这些现象成为同一事物的"现象"，不是现象与现象自身以外的一个东西的关系，而是现象互相之间的关系。形而上学家未能看到这一点,乃是因为他被他的语言的一个语法上的表面特点迷惑住了。

这段话有些拗口和费解,但是非常深刻地分析了日常语言中形而上学陷阱可能的产生方式。如果没有对某些习以为常的事物、概念、思维方式做过这样的思考和分析,普通人或者哲学家都容易掉进陷阱。比如一向反对形而上学的墨家,他们的定义"举,拟实也",这个"实"如果不加以特别的指明,也会很容易被理解成一种实体。又比如,同样希望以某种科学的方式处理形而上学的康德,他因为传统习惯而舍不得放弃的"物自体"概念就给后来迷信他的人造成了很大的困扰。

明确了语言的性质,那么语言所能实现的某些功能就可以界定了:

33且,言然也——判断,断言某种状态。

"然",在汉语中就是某种样子,某种状态,这毫无异义。必须明确指出的是我们下判断,断言某种状态,按照墨家严格的定义,所断言的这种"状态"只是人对实在的"模拟",而不是在断言那形而上的"实在"本身,也根本不可能断言"实在"。根据洛克、艾耶尔等众多哲学家不厌其烦的申明,我们断言的是能作用于我们感官使我们形成观念和认识的事物的属性,而不是事物本身或者物自体之类形而上的"物精"。我们说某物是红色,真实意思只是我们看起来它是我们通常看到的红色;我们说某物是一只猫，就是该物具有我们通常认为猫的那些属性；我们说某物是好的，只是因为按照我们的某种标准，它可以被划分为"好"的一类。所有我们自以为在判断"绝对事实"的情形，实际上我们只是在操作自己的认识和观念。没有这些互相关联的认识和观念，我们自然感知的只有各种斑驳的色彩、各种混杂的声响、各种没来由的冲击和刺激，就像刚出生的婴儿面对世界时的情形一样。这时候，人不能做出任何判断。

如果这样，是不是人对世界的知识根本是不可能的，道家那种不可知论就是一种终极真理？或者人类千辛万苦，最后只是又回到了那个古老的谚语"人是万物的尺度"所揭示的唯心主义困境中呢？其实答案近在眼前。人主观地认识世界，但是人在世界中的认识过程却不是主观的，而是在世界这个终极条件限制下的稳定活动，对立在认识上的反映就是知识。今天看来是红色的某种东西，明天在同样条件下看起来还是红色，这是人类认识中一条最朴素的真理，也是 $y=F(x_1,x_2,x_3...x_n)$ 这公式自然蕴含的推论。要想得到所谓"客观"稳定的认识结果，只是需要把认识过程中那些受限于人的主观标准用一种相对客观的标准予以替代。比如说用一种精确的色卡来作为颜色的标准，我们不需要再说"我看某物是红的"，只需要说某物和标记为"红"的色卡有某种一样的属性，这种"一样"在相同的条件下，不管在人看来，还是在其他有色觉的不同认识者看来，都是一样的。如此一来，我们就可以得到一种相对客观的认识，而这种认识能够客观到什么程度就变成了一个纯技术的问题。决定一只猫如何是一只猫将变成生物学家的专业工作，决定一个社会如何繁荣昌盛幸福和谐也将是社会学家、经济学家和政治学家的职责，而不再是哲学家或者形而上学家想当然的争吵话题。最后，如果还剩下某些貌似关于事实的断言使最专业的人士也无法胜任将其客观化的工作，我们就有理由怀疑这样的断言正是艾耶尔所谓"无意义的语句"。

墨家作为中国最早的工程技术专家，显然已经认识到了"标准"在他们的工作中的重要性，而且对"标准"的理论意义有过自己的思考。《经上》有一条定义被近代的考据者放在了全篇的最后：

97 正，无非——标准，规定为绝对正确者。

这里"正"有一种特殊的用法。它可能是墨家熟悉的某种测量工具，类似测定长度的尺，用日影测定时间和方位的表，或者确定方圆平直的规矩准绳等。实际上，所有测量都需要一个标准，墨家把作为度量工具的"正"定义为一种"无非"的绝对正确者，是引申其义为我们所有认识活动中都需要的那个判断"标准"。此定义原文在《经上》讨论物理和几何的那部分中，这两个领域也是实践中"标准"最早被人认识和利用的领域。而从一个更广泛的范围来说，能否容易找到各自领域的"正"是我们粗略地

区分所谓自然科学和人文科学的一个隐含的标准,也是中国古来许多务实的思想家的理想:

> 衡不正,则重县于仰而人以为轻,轻县于俛,而人以为重,此人所以惑于轻重也。权不正,则祸托于欲而人以为福,福托于恶而人以为祸,此亦人所以惑于祸福也。道者,古今之正权也,离道而内自择,则不知祸福之所托。(《荀子·正名》)

> 政者,正也。正也者,所以正定万物之命也。是故圣人精德立中以生正,明正以治国。故正者,所以止过而逮不及也。过与不及也,皆非正也;非正,则伤国一也……规矩者,方圆之正也。虽有巧目利手,不如拙规矩之正方圆也。故巧者能生规矩,不能废规矩而正方圆。(《管子·法法》)

但是,如果像荀子那样,想象一种莫须有的"道"可以作为"古今之正权",作为一切伦理和认识的绝对标准,这种过度的引申就已经不同于墨家的观点,几乎成为一种形而上学。对此,墨家宁愿采用一种切实的、哪怕为各种道德家不齿的标准来作为衡量和指导人类行为的"正":

85 权,欲正权利,且恶正权害——权衡,欲求相同则权衡利益,并且嫌恶相同则权衡危害。

显然,这是一种和墨家的认识论和伦理学都非常和谐的行为心理学。

四、社会对人的强制

影响人行为的社会性力量,除了那种常常让人感觉似有若无又柔中带刚的道德和舆论的力量,还有一种更明显的社会对人的强制性力量——由政治权力支持的明确禁止或者鼓励某些行为的力量。

人类的政治组织只是人类社会发展到一定阶段的产物,并且其形式随着社会的进步发生变化。人刚开始认识和检讨这样的政治组织及其合理性的时候,讨论的当然只是所处时代特有的某种政权形式。只有当人有相当程度的历史概念,对历史上各种不同的社会和政治组织形式有过认识和研究,人才会想到去问政治组织形式的优劣变化和它们的起源问题。中国早期思想家中孔子和墨子都是非常热心政治的人,但是他们的政治理念有明显的区别。孔子生活在一个"礼崩乐坏"的时代,由于他的贵族出身和守旧的观念,他一心想的是如何恢复历史上那种"天下有道"的封建等级制度。而墨子作为一种新崛起社会力量的代表和一个充满创新意识的敏锐思想家,他考虑的是能够适应社会发展形势的新政治体制的可能规模。墨子"尚同""尚贤""明鬼"等主张实际上就是秦汉以来中国中央集权、官僚治国、君权神授等基本制度的最早理论准备。这种理论也是中国从商周封建国家向秦汉大一统的文明共同体过渡的过程中,能结合中国文化传统和新社会发展形势的务实制度设计。

只不过，到了《墨经》作者的年代，社会形势的变化和人的认识水平又已经大不同于墨子时代，导致后期墨家在政治理论上有了和他们最尊奉的祖师完全不同的新看法：

34 君，臣、萌通约也——君主，臣民共同的约定。

统治权力的最终来源不再是神明的赋予和家族血脉的传承，而是一种全体臣民的约定，君主只是人民共同约定管理公共事务，因此也是对每个个体具有某种强制权力的集体意志的代表。作为约定的一个隐含条件，每个个体在同意这种约定，心甘情愿戴上枷锁的时候也必然获得了某种回报。对此墨家并没有详细论述，但是我们从任何一个有组织的人类社会形态中都可以看到，这种回报就是集体对个人的保护、支持和认同。可以说，以后期墨家的新观点看来，正是因为某种未明言的约定和同意，赋予了政治权力对个人强制力量的合理性，也为所有人类政治活动和社会共同福祉建设奠定了基础，人和集体的权利和义务关系才有了一个可以依循的准绳。

社会契约的思想像一颗无声的流星划过了先秦晚期中国思想界璀璨的星空，并没有得到太多的关注。其后中国的政治实践虽然没有按照孔子的理想回到那个逝去的"黄金时代"，但是也没有按照后期墨家这种石破天惊的观念来运行，甚至连这思想本身都没有流传下来。不过这种思想在欧洲近代相似的社会条件下产生的时候却起到了轰动的效果，而且在近现代政治实践中占据了几乎是主导的地位。一般而言，卢梭的《社会契约论》是这种思想在普罗大众中最有影响力的发言，而其思想根源在霍布斯、洛克的著作中早已经得到相当细致的论述。这里有两种完全不同的社会契约，一种是全体人民订立的契约，将所有权力授予一个虚无的"利维坦"或者"主权体"，另一种是人民和政府之间直接的契约，委托其行使管理国家和社会的职责。前一种由霍布斯提出，由卢梭完成，后一种则是务实的洛克的创见。作为近代浪漫主义代表的卢梭，其重感情而反理性的思维倾向很容易把理论的建设变成一种情感和意志的宣泄，使他的理论看起来更像是顽固的形而上学思考方式的某种漂亮变体。在卢梭的理想中，传统作为政治权力来源的形而上的神意或者天道，变成了同样是形而上的"主权体"和"总意志"，他含糊不清创造的虚幻新实体很容易被后来的唯意志论形而上学家改造成替极权统治辩护的理论核心。而按照洛克的理论，契约的一方是天然拥有对个人人身和财产支配权力，却涣散而无力有效保卫其权力的人民，另一方是受人民委托专业行使权力和职责，但是也必须受到人民某种制约和监督的政府。和卢梭充满激情的渲染不同，洛克在他的《政府论》中用相当的精力来阐述这种契约所能够赋予国家机关权力的性质和边界，以及在复杂的现实中如何能够尽量务实而有效地运作。

和中国先秦的情形非常相似，欧洲社会契约思想刚开始产生时，主要目的是从理论上反对那种君权神授和权力世袭的制度，为刚刚崛起的资产阶级同传统教会和封建贵族争夺权力提供理论依据。这种创新的思想有一个潜在的革命性含义，就是那些各民族原本普遍接受的上帝、圣王、先祖的启示和传说，以及依附于那些传统的现实政治和既成事实都没有绝对的、可视为天道和公理的法理基础，都是可以凭借人民的意志和契约加以改变的。这种允许变化的可能性为人类社会和政治形态的发展打开了想象空间。

社会契约是如何产生的？它到底是该理论的发明者思想的创造和拟制，还是历史上曾经真实发生过的事实？最早的社会契约论倡导者霍布斯认为人类社会早期处于自然状态，"一切人对一切人的战争"是这种社会的一种常态，社会契约就是人为了摆脱那种不安全的状态所做出的一种制度创新。霍布斯所谓"自然状态"，实际上就是人类进入文明社会以前的野蛮状态，是人还像动物一样在丛林里相互攻击、掠夺甚至吞食的状态，这种状态直到近代在地球上某些角落依然存在。不过，霍布斯设想野蛮人会因为意识到这种人与人的敌对状态的不便而主动通过某种契约把权力归集起来管理，就实在是太高估人的理性而且低估人对契约和交换的理解了。事实上，人类在形成政治权力的过程中确实有某种契约和交换，但这种契约和交换不是抽象地发生在"一切人"中，而是真实地发生在人和他愿意承认的领导者——他最早的酋长之间。二十世纪著名的人类学家克洛德·列维－斯特劳斯通过他艰苦的田野调查工作，在巴西热带雨林幸存的一些原始部落中近距离观察到了原始人和他的酋长这种"现实"的契约和交换关系。在《忧郁的热带》中，斯特劳斯总结：酋长不是世袭的，老酋长挑选继承人的时候需要广泛尊重部落成员的意愿，尤其需要尊重继任者的意愿，愿意而且有能力和威望为群体服务是成为酋长基本的条件。那么，酋长凭什么履行他的职责，带领整个族群在丛林里获取食物、资源和安全呢？他凭借的也只有他的判断和决策能力，以及他为部落工作和奉献的意愿与行动。酋长必须用他的工作和他的奉献，甚至面对部族成员经济和利益上不停地索取时永远的慷慨，争取成员的支持，以完成他的工作和实现他的"政治"抱负。所谓作为酋长的特权，据斯特劳斯转述蒙田的记载，"特权，就是打仗的时候走最前线"。在酋长身上，我们似乎看到了先民神话传说中英雄祖先的影子，而完全没有后世那些世袭和专权的国君或者统治者给人的刻板印象。在斯特劳斯所观察到的小社会，一个成功的酋长能带领部落发展壮大，欣欣向荣，而一个失败的酋长，很可能面对的是部落的衰落、分裂甚至消亡。在当地土语中，酋长的意思就是"那个把人们团结起来的人"。

既然是一种契约和交换，既然部落成员愿意接受酋长的领导或者统治，也心安理得地享受酋长的服务，比如有危险时躲在后面，遭遇困境时安然躺卧等待酋长解决，那酋长从这种交换中到底获得了什么呢？据斯特劳斯观察，酋长所获得的除了带领部落前进的成就感和心理满足，真正现实的补偿是一种特别的多妻制。这种原始部落一般成员是一夫一妻，但是酋长在通常的妻子之外可以拥有多名年轻漂亮的"特殊"妻子。说她们特殊，是因为这些妻子不用承担日常烦琐的生产劳作，整天嬉戏娱乐，但是在酋长完成困难和危险的工作时，她们将是酋长仅有的伴侣——她们是酋长同生共死的情人和战士。

在斯特劳斯这些直接的观察和片段的描述中，明显有很多契约和交换的因素，但是这种契约和交换又不是《社会契约论》中那些理想的构想和设计，而是更接近洛克平实的观点。契约和交换是人类政治组织中一种很重要的原理，是社会生活的"基本原料"，也可以说是人类最早的一种社会分工，这种理论体现出创立者某种"深沉的社会学本能的理解"，这可以在某些对事实的观察中得到验证：

"同意"是权力的心理基础，而在日常生活里面，"同意"具体表现于酋长和他的同伴之间的供给与接受的过程里面，这就使"互相"这个概念成为权力的另外一种基本性质。酋长是具有权力，但他必须慷慨。他有很多责任，但他也能有很多个太太。在酋长和他的群体之间，存在着一种不断更新的礼物、特权、服务与责任的均衡关系。

但是，这种原始社会的状态显然也不是一种多么理想和美好的状态，对充满雄心抱负和能力意志的酋长，对消极、自私、短视但又心怀憧憬和希冀的普通成员，对整个群体的福祉和未来，都谈不上美好。这是一种处心积虑积极进取的领袖和浑噩度日任人摆布的大众之间不平衡的契约，随着社会的发展和形势的变化，力量的天平非常容易被打破。英明的酋长很容易为自己争取到更多的权力和利益，各种更加稳固而持久的垄断权力的制度自然会被天才地设计和实施，普通成员将在不经意间沦落到一种"求仁得仁"的纯粹被统治甚至圈养的境地。

不过，在这个过程中契约和同意的精义似乎一直没有消失过，统治者和臣民之间权力和利益的博弈也一直存在，哪怕是在统治者名义上拥有绝对权力的所谓世袭君主制时代。按照后世西方社会契约论者的观察和理想，集体利益的集中表达或者人民为了保障自身权益的最后武器就是法律，这在今天可以说是通常的见解。难得的是，这种对法律的独到见解在《墨经》中已有体现：

37 罪，犯禁也——罪行，违反禁令的行为。

38 罚，上报下之罪也——惩罚，上级对下级罪行的回报。

国家政权为了有效完成其职责和目标，必须拥有使用暴力的权力，这种暴力对每个个体最直接的显示就是惩罚，肉体的、经济的，或者以其他任何可以被"创造"的形式。最古老的酋长开始并不具有这种至高权力，斯特劳斯说："他只有在说服所有其他人都同意他的看法的时候，才能除掉不受欢迎的分子。"显然，这种早期的暴力措施只是一种能被大众普遍接受的、没有明文规定的习惯法，也是后世依然具有某种心理强制力的道德或者舆论力量的历史起源。只是因为在后来的政治实践演进中，这种权力不断地被滥用、垄断和异化，成了一种独立于集体意志的统治者的特殊权力，以至于有必要明确和规范，以保护每个个体不被其威胁和伤害。

中国历史中曾经叱咤风云的"法家"——以商鞅和韩非作为其实践和理论中最著名的代表——一直以来所强调的"法"，只是统治者有效实施其统治的工具，而其对普通成员的保护和对统治者权力的限制则很少提及。可以说，法家的法学一直以来就是一种马基雅维利式的法学，是在君主的无上权力之外又为君主创造一种便于施展的权力，而只有《墨经》中这样的记载，才向我们提示中国历史上也曾经有过一种类似近代的法制观念，一种以保护人民的权益为出发点的思考：只有"犯禁"，也就是违反法律条款规定的行为才能受到处罚。把"罪""罚"和以下两条定义对比：

35 功，利民也——功劳，有利于人民的行为。

36 赏，上报下之功也——赏赐，上级给下级功劳的回报。

把功定义为利民，而不仅仅是对君主的效忠和对上级的唯命是从，这是把孟子"民为贵，社稷次之，君为轻"理想纳入政治实践的一种尝试。墨家同意功是利民，却不说罪是害民，这种明显的对比之中颇具深意：一件事今天利民，明天可能害民；短期害民，长远可能利民；有利于此民可能有害于彼民。这种很难准确界定，或者说很方便操弄的虚无标准，按照"赏疑从与，罚疑从去"的原则固然可以用来决定褒赏，但是如果用来定罪，只能产生严重威胁所有人安全的恶法。

墨家的观念是一种完全不同的思路，法律不是为了惩罚，而是为了保护人民正常的行为不受来自他人或者强权的暴力威胁。事实上，中国后来某些刻意被篡改和隐藏的历史中，仍然有些细节向我们暗示，这不仅是墨家的一种理想和空谈，也是中国政治实践中真实存在过的一种倾向。中国最早的成文法是春秋时子产在郑国所铸的"刑书"，把法律条文第一次覆水难收地镌刻在祭神用的青铜礼器上。当时的郑国正处在一个类似西方近代的历史大变革的时间窗口，风云际会之下自然会产生受时代潮流刺激的新事物和新思想，比如子产的刑书，也比如可以视作中国最早的法学家和律师的邓析及其思想。邓析最后是被处死的，他不得不死，是因为他利用法律保护公众权利的思想和行动已经远远超过了当时社会和统治者能够妥协的程度，如《吕氏春秋·审应览·离谓》所言：

> 郑国多相县以书者，子产令无县书，邓析致之。
> 子产令无致书，邓析倚之。令无穷，则邓析应之亦
> 无穷矣。

虽然有了成文法，但是藏之庙堂，仅仅作为统治者工具和门面的成文法显然不是邓析的需要，他需要的是人民理解和同意，能在民间方便流传，应用，能确实和有效保护人民的不断改良的成文法。"郑驷歂杀邓析，而用其《竹刑》"，邓析虽然因为这种理想死了，他比子产刑书更进步的《竹刑》和相关思想还是流传下来，在中国的政治实践中留下影响。商鞅变法之后的秦虽然以严刑苛法著称，但是毕竟法令条文俱在，君主凭借某种难测的天威随意赏罚民众的状况不再是常态。到后来中央集权的大一统王朝正式建立之后，按照汉朝正式的国家制度，负责司法和监察的御史大夫与负责行政的丞相、负责军事的太尉并居三公之位，代表国家权力最重要的组成部分。当这种国家制度设计运转正常的时候，邓析或者墨家立法的精义还偶尔可见，如《史记·张释之冯唐列传》所记载：

> 顷之，上行出中渭桥，有一人从桥下走出，乘
> 舆马惊。于是使骑捕，属之廷尉。释之治问。曰：
> "县人来，闻跸，匿桥下。久之，以为行已过，即出，
> 见乘舆车骑，即走耳。"廷尉奏当，一人犯跸，当罚

金。文帝怒曰："此人亲惊吾马，吾马赖柔和，令他马，固不败伤我乎？而廷尉乃当之罚金！"释之曰："法者天子所与天下公共也。今法如此而更重之，是法不信于民也。且方其时，上使立诛之则已。今既下廷尉，廷尉，天下之平也，一倾而天下用法皆为轻重，民安所措其手足？唯陛下察之。"良久，上曰："廷尉当是也。"

这个例子很有趣，法律的尊严似乎已经有人尊重，但是君主依然拥有法外杀人的权力，廷尉虽然是名义上的最高法院，"下廷尉"却只是某些开明君主一种自觉的选择和克制。这只能说是一种博弈中的状态，还不是一份天下人民真心愿意接受的理想契约。

第五章
描绘没有"物"的世界

——墨家物理学

一、时空和宇宙

物理学毫无疑问是近代以来最能显示人类认识和力量巨大进步的学科，有些时候甚至被当作所有自然科学的基础和代名词。但是，从哲学上来说，物理学这个名字在今天中国被如此普遍地接受和应用，其实只是思想史上的一种阴差阳错，也反映着人不断更新自己认识的过程中所走过的曲折之路，以及人类本性中对旧观念强大势力的某种妥协和无奈。在西方，物理学这个词，和形而上学一样，来源于亚里士多德的著作，但并非来源于亚里士多德的本意。今天流传的亚里士多德全集最早在公元前一世纪才开始被整理，一本名为《物理学》，希腊文原意是《关于自然的学问》。而另一本《形而上学》原意为《关于自然的学问之后的学问》，这本书，按照亚里士多德在书中的表述更应该名为《第一哲学》或者《神学》。后来西方思想史的发展存在着一种非常类似中国思想史的倾向，就是形而上学独领风骚，研究自然的风气日渐式微。这在中国表现为道家、佛学和宋明理学的得势，在欧洲则表现为中世纪经院哲学独尊。亚里士多德后来之所以在西方思想史上有如此尊崇的地位，主要原因就是中世纪的经院哲学家和教会发现了亚氏形而上学对他们的意义。经过他们不遗余力的研究与宣传，很长一段时间，西方亚里士多德的理论和中国孔子的教诲一样，都被视为不可冒犯的天条，包括他的《关于自然的学问之后的学问》，也包括他的《关于自然的学问》。虽然亚里士多德明显把他对形而上之存在和形而下之自然的思考分开来谈，并且在西方哲学史上产生了不同的重要影响，但是当西方思想在十九世纪开始短期内集中传入中国，这其中的纠葛渊源显然不是中国学者当时能全部洞悉的。所以，最早的翻译家们只是根据亚氏书中的内容和西方学者后来的发展来理解，结合东方哲学尤其是宋明理学自身的观念体系，把一本译作《玄学》或者《形而上学》，另一本译作《格致学》或者《物理学》。这种译法给后人造成了不小的麻烦，因为亚里士多德关于自然的思考中其实并没有怎么谈到"物"，他对"物"或者"实体"的理论都在他的形而上学里。如果不能抛开亚氏的形而上学直接思考他对自然的研究心得，很可能会像他的中世纪信徒一样长期在其错误中迷失，更不能领会这种学问真正的精义所在。这种译法只能说明中国哲学当时仍然处在形而上学的强大统治之下，仍然以一种物或实体的僵化观念来看待亚里士多德对自然的思考。严格说来，亚里士多德的物理学, 或者这里要谈到的《墨经》中的物理学, 都应该回归他们本原的意义和名字, 应该叫作"自然哲学"。

不过, "自然"这个词, 如果细细推究起来, 它在中国哲学史中和形而上学的纠葛并不亚于"物"。这纠葛的源头首先要追溯到《老子》:

> 有物混成, 先天地生。寂兮寥兮, 独立而不改, 周行而不殆, 可以为天地母。吾不知其名, 强字之曰道, 强为之名曰大。大曰逝, 逝曰远, 远曰反。故道大, 天大, 地大, 人亦大。域中有四大, 而人居其一焉。人法地, 地法天, 天法道, 道法自然。

道是天地初生之前就已经有的一"物", 这物显然不是天地之间任何通常之物, 而只是某种无形无象的形而上之存在。所谓"人法地, 地法天, 天法道, 道法自然", 只是说所有有形之物乃至天地本身都要效法道, 遵循道, 以道为最高的原则和标准, 而道本身就是无所效法的最终因, 是"自己这样"的。"道法自然", 这完全是在谈形而上学, 而这种最原初的形而上学后来慢慢不大有人讲了, 是因为这个"道法自然"实在太空虚, 在现实中完全无法应用, 无法让人了解我们关心的天地之间的万物到底是如何运转的。所以稍微有点务实精神和独立思考能力的人, 自然会有一种倾向, 会把"道法自然"这种毫无意义的语句去掉, 哪怕代替以一些非常主观和初看起来比较肤浅的论断, 比如王充在《论衡·自然篇》中极力要论证的"天地自然"。

这种变化意义重大，不管是在王充所关注的政治伦理的意义上，还是在今天所谓科学的意义上。因为如此自然的天地万物将不再有一个作为最终因的"道"来规范和依靠，也不必再以渺茫的天道为说辞把人之祸福寄予其存在的目的和意义。天地万物自然的存在本身就是最需要关注的现象和价值。

实际上，这种思维倾向已经体现在后来的思想发展中，使得现代汉语所谓"自然"，就是天地万物的一个代名词。对于真正近现代的自然科学或者物理学精神来说，要讨论天地自然，也并不是先关心天地是自己这样还是有一个"他者"使其这样，而是先关心天地万物到底是什么样。先知其然，再来讨论所以然，答案，只能蕴藏在天地之间所有存在和现象之中。

天地之间到底有些什么呢？有天上闪闪发光的日月星辰、深邃神秘的万古长夜，有地上川流变换的山河湖海、实在而又幻灭的人物是非，甚至还有人不断想象、臆断、发现、创造的真真假假各种可能和现实。这一切的事物和现象中，什么才是最本原和最关键的，是我们观察和理解自然不可回避的，是一个严谨的哲学家必须首先思考和定义的基本概念呢？是创造和度量世界的神或者人本身？是形而上学家的道或者太极？是逻辑或者名学家作为通名的物？还是物理学家假想的原子或者元气？《墨经》对此有完全不同的思考：

40 久，弥异时也——宙，不同时间之全体。

41 宇，弥异所也——宇，不同空间之全体。

《经上》物理学中最基本的定义是宇宙，也就是所有时空的全体，除了时空，没有任何具体或者抽象的，唯一或者普遍的存在被特别关注。把时空本身这个通常被我们普通人想当然地看作世界万物的一个背景或者容器，一个和万物显然不同的存在作为首要的对象和关注的焦点，这难免让人有些意外。不过，如果稍微了解一下近现代物理学的发展史，了解一下今天最前沿的物理学家正在从事的探索时空奥秘和本质的工作，又会难以置信这是两千年前思想家的物理学观念。

仔细分析《经上》这两条定义，作者只是区分了作为整体的宇宙和个别时空的关系，并没有直接定义什么是时间，什么是空间。对于时间和空间的本质，古来很多思想家都有过自己的思考，但却很少有真正深刻的论述，大多数都陷入一种类似奥古斯丁的困境："没有人问我，我倒清楚，有人问我，我想说明，便茫然不解了。"能不能把一个看似简单的问题清晰、合理，甚至以可以实证或者演算的方式表达出来，是真正思想家的本色，反之则容易在简单的问题上制造无谓的争执或者炫人耳目的悖论。

什么是时间和空间，我们可以看看物理学家的专业意见。对于时间这个似乎不可定义的对象，亚里士多德给出过一个非常精到的定义：时间就是变化的度量。变化是发生的事件，而时间只是用来度量这些事件某种相互关系的媒介或者工具，也就是说时间不是绝对的存在和实体，而只是相对的，和经验与变化有关的人的观念和创造。对于空间，亚里士多德说就是物体所处的位置，这个位置是要由包围该事物的内部界限来确定的，而这些包围者又必然是其他的事物，世界上不存在绝对的真空或者空间。亚氏的意见很明确，时间度量变化，空间定位事物，但它们都不是真实和绝对的存在。近代经典物理学的奠基人牛顿恰恰在这最后的结论上和亚里士多德意见完全相反，他认为除了亚氏所谈论的人的经验和观念的时间空间之外，还有绝对的真实的时空存在，这时间均匀流动，空间固定长存，虽然经验不到，但是可以用数学来计算和理解。可以说，牛顿建立的经典物理学，就是研究在这种绝对均匀的固定时空框架下事物运行规律的物理学。我们一般人觉得牛顿的说法似乎更有道理，时空当然应该是固定和均匀的，这只是因为我们大多数人都生活在经典物理学足够有效的时空区域内。事实上，按照爱因斯坦划时代的理论，以及后来物理学家的计算和测量，时空并不仅仅如亚氏所言是人的经验和观念，它们是真实存在的，就像真实存在的日月星辰一样；但它们又不是如牛顿所言固定均匀的，它们会因为物质和能量的作用而扭曲变化，交会融合，成为一个不可分割的四维"时空"。按照今天最前沿的量子力学的观念，整个宇宙只是由一些场构成，物质是狄拉克场，光是电磁场，而时空就是引力场，它们都是大千世界真实的存在和组成部分。我们所见的自然，斗转星移、沧海桑田、世事变幻，其实就是这些场本身的涨落和作用产生的复杂现象，宇宙中并不存在所谓永恒的实体或物，存在的是不断发生的各种事件，总体的时空就是事件发生表现出来的某种结构。

这些后续物理学以及时空观念发展的精彩演绎当然是墨家学者当时无缘得见的，除非扭曲的时空真能按照现代物理学的猜想重新在某一点交会，使时空旅行成为可能。不过，墨家当时提出这些定义和关切，毫无疑问是基于一种和今天物理学家同样的对宇宙奥秘的探索和思考，比如那个同样的永恒之问：这个世界到底是如何产生的，会如何结束？或者说世界到底有没有产生，会不会结束？如果按照今天对时空的最新认识，如果时空并不是这个世界绝对不变的背景和舞台，而是组成这个世界的一部分，那么再问世界是否有时空的边界，这就是一个毫无意义的问题。我们不能问时间之前是什么时间，也不能问空间之外有什么空间，所有的时空都已经被纳入我们的世界之中。墨家当时不可能从物理学上提出这样明确的意见，但是仅仅从认识、逻辑出发，他们可能也已经看到了这种问题的荒谬和困难，所以他们先致力于定义与此相关的基本概念：

42 穷，或有前不容尺也——有穷，某区域有不能再扩容一线之处。

43 尽，莫不然也——全部，没有什么不如此。

44 始，当时也——开始，开启某段时间长度的那一时间。

关于宇宙命运的争论，归根结底有两种对立的意见——宇宙在时间上是否有起源和终结，在空间上是否有边界。先秦关于这种争论的代表是"季真之莫为，接子之或使"。季真和接子两人都是当时和齐国稷下学宫有关的学者，季真认为宇宙自来如此，并没有什么使其诞生，而接子则认为必有什么原因使宇宙开始。遗憾的是，中国后世同这些学者严肃又专门的讨论相关的原始资料都没有流传下来，流传的只是对这些神秘问题通俗化或者艺术化的渲染和附会，比如《庄子·齐物论》中由此而发的感慨：

有始也者，有未始有始也者，有未始有夫未始
有始也者；有有也者，有无也者，有未始有无也者，
有未始有夫未始有无也者。

被庄子神秘的玄思这样一发挥，这个关于现实世界的问题一下子被艺术化，也被形而上学化，似乎成了一个不可解决的问题。对道家的不可知论来说，这当然是一种理想的状态，但是对《墨经》的作者而言就很不能让人满意。墨家对"有无"这样的形而上学概念完全没有兴趣，但是他们对什么是时空的边界、什么是开始、什么是穷尽，都希望给出一个切实的定义。他们想清楚界定有限和无限的

边界，想区分时间点和时间段的关系，想知道研究一个复杂的问题究竟需要穷尽多少种可能。这是一种完全不同的理想和努力，哪怕最后事实证明他们的观点可能都是错误的，但是他们努力的方向没有错。

按照墨家当时的理解，空间要么有限，要么无限，二者必居其一。空间就是某块区域，如果能找到该区域不能再向外扩展的边界，这个区域就是有限区域，否则只能认为是无限区域。这可以说是一种直观的对"无限"的理解，但是后来发现的事实和理论都证明，这种理解太简单了。地球的表面作为一个二维的区域，没有边界，但并不是无限的；我们所处的三维宇宙空间，按照爱因斯坦的理论可能是某种特殊的扭曲结构，可能和球面一样也是有限却无界的，我们永远不能旅行到宇宙的边缘。没有边界，又怎能问边界外是什么？显然，当时人的认识还不可能穷尽关于时空结构的所有可能性，甚至今天也没有。要严谨地讨论有关"穷"或"无穷"的问题，必须使用某些更抽象和自由的手段和方法，经过数学和逻辑上更严格的推理，才能有关于这些概念严密而且足以应用的定义。今天关于无穷的一个广为接受的定义是数学家康托尔在研究集合论时给出的：可以和自己的某一部分之间建立一一对应的集合叫无穷集。这样定义的无穷和墨家所想象的无穷明显大不相同。不过，宇是空间的全集，宙是时间的全集，时空某些未知的性质有希望应用集合论的可靠知识推论出来。

根据人通常的直观，空间是一个立体结构，而时间似乎是从过去到未来的带方向箭头的直线。空间的边界可能非常复杂，时间的起止则只需要类似处理空间的线段一样，确定其两端的端点就可以了。墨家用"始"来定义特定时间段的开启，似乎以为只要能确定宇宙之始，时间或者世界起源的问题就可以有办法解决了。这种想法虽然现在看来和现实状况相差甚远，但是触及了一个理解时空的性质非常重要的问题：点和线的关系问题。

几何是专门抽象研究空间性质的学问，《几何原本》中关于点和线的基本定义如下：

1. 点是没有部分的。

2. 线是没有宽的长。

3. 线之端是点。

4. 直线是其上均匀放置着点的线。

可以看出，欧几里得可能思考过点与线的关系这个当时无法解决的矛盾，他在定义中似乎想用一些模糊的语句刻意回避这个问题。直线是其上均匀放置着点的线，而线是没有宽的长，那么点就应该是没有宽的，所以也没有长的，不占据空间的。不占空间的点如何可以均匀排列起来成为有长度有空间的直线或其他形体，这是一个曾经困扰古今中外哲学家的古老问题。"镞矢之疾，而有不行、不止之时"，这个先秦辩者的论题和古希腊芝诺悖论完全一样，都是从物体运动的角度思考这个问题。在当时，学者对于与此相关的抽象的无限可分还无法细致分析，只能把它放在具体的物理或时空背景中讨论。关于时间是否无限可分，《经说上44》在解说"始"的定义时有一句直白的话颇值得注意："时或有久，或无久。始当无久。"不过这个解释现在看来有歧义。如果此处作者的意思是时间分有长度的时间段和没有长度的时间点，这样的定义就会导致芝诺悖论：每个时间点飞矢当然不能动，最后如何能在整段时间内产生运动？如果此处"无久"仅仅意味不是很长的、非常微小的瞬间，这样的思考可以说已经快要触到解决问题的那把"无穷小"的钥匙。这种模糊摇摆后来在牛顿处理瞬时速度的计算问题时也出现过，他利用自己创造的"微分"概念把瞬时速度定义为无穷小的时间内所走的无穷小的距离两者之比，并且给出了瞬时速度精确的计算方法。不过，牛顿的方法遭到了当时贝克莱等人的激烈批评，根本的质疑其实只有一个：无穷小量到底是不是零。批评非常中肯，因为牛顿在这种计算中确实很矛盾，时而把无穷小当零处理，时而反之，把无穷小时间当作除数。

先秦辩者另一个著名论题"一尺之捶，日取其半，万世不竭"，则是从物质或者空间对无限可分问题的思考。德谟克里特提出的原子说，"原子"一词在希腊语中的本意就是"不可分的"。欧几里得定义点是没有部分的、不可再分的东西，墨家似乎也持这种观念。《经下60》命题"非半弗斫则不动，说在端"，表达的可能就是这样一种推论：

物质的木棍最后分割会达到不可分的"原子"或其他结构，几何上的线段无限再分也似乎会碰到某种不可再分的"端"或"点"，那么，世界或者时空是无限可分的吗？

如果把无限可分的概念完全抽象出来考虑，这就成了一个纯粹的数学问题，也是整个数学发展史上非常重要的一个问题。如果考虑现实的世界和时空，这就是一个物理问题。这两个显然不同又相互纠缠的问题都不是两千年前的思想者能够清楚思考的，数学上无穷问题的基本解决要等到两千多年后康托尔等数学家的工作完成之后，而物理学上无穷的终结则是新崛起的量子物理学的主要成果。康托尔关于无穷集合的精确定义所确定的集合是指拥有无穷多元素的集合，并不是指这些元素排列或相加可以组成无穷大。0 和 1 都是有限的数字，而 0 与 1 之间的数无限多，这种无穷不仅涉及无穷大，而且涉及无穷小。无穷小是一个无限趋近于零的过程，而不是任何一个固定不变的量，这是一种古人完全没有想到过的数学思想，也是人类关于自然的认识从割裂、固化、矛盾向连续、变化、统一迈进过程的一个最深刻的代表。单纯从物理学上来说，现在已经有了明确的认识，不但物质不是无限可分的，分到最后会到达一些坚实的"基本粒子"，或者不那么坚实但是也不可再分的"量子"。作为真实的物理存在的时空也不是无限可分的，物理学家甚至计算出了作为时间和空间量子的普朗克时间和普朗克长度的数值，任何物理变化都不会在小于这个界限的时空内完成。这样看来，物理学上的无穷小和无穷大似乎都不存在，关于无穷的概念和想法只是出自我们的观念和思考，也只能在完全抽象的领域讨论和应用。时空中所有这些似乎无穷小的量子也不是简单均匀一个挨一个乖乖排列着，而是不断互相纠缠、叠合与作用，组成了我们这个似乎无穷变化着的宇宙。

二、变化的世界

关于世界的变化，曾经有两种针锋相对的意见。赫拉克利特说："你不能两次踏进同一条河流"，他的意思是万物皆变。但是古希腊另一个有巨大影响的哲学家巴门尼德则论证说，没有事物是变化的。中国古人持有巴门尼德这种激烈观点的人很少，因为实在太挑战人的常识。孔子在河边说过"逝者如斯夫，不舍昼夜"，他的感慨颇似赫拉克利特。后来孔子变了质的信徒们走上了僵化的形而上学之路，但是他们最常研究的形而上学经典《易经》，其实原本是专门记载和总结变化规律的，"易，变也"，这是古人最朴素的自然哲学。中国最早讲形而上学的道家也不敢说绝对的"不变"，他们非常聪明地发现了某种辩证的变和某种周而复始的变之不变。

但是有时候历史的发展非常诡异。巴门尼德的观点太耸人听闻，他的形而上学门徒们后来大多都致力于弱化他这种极端的观点，只强调实体的不变，现象世界的变则马马虎虎当作假象和幻觉予以接受和讨论。经验主义和关注现象的物理学终于在夹缝中找到了成长的机会。而中国后来的形而上学家则痛惜前辈的理论中庸两端，瞻前顾后，不够痛快，于是竞相发明新说奇论来加强那种极端的形而上学气味。从董仲舒喊出"道之大原出于天，天不变，道亦不变"，到宋明理学最后完成的天理说，中国后期研究自然的学问几乎走进了"正心穷理"的死胡同，变成了一种希望通过内省和感悟达到空虚而绝对的天理或物理的心法之学。

形而上学虽然常常号称第一哲学，其实对于指导人认识和研究自然没什么帮助，反倒只有阻碍和误导。罗素说，近代物理学几乎所有成就都是在对亚里士多德观点的批判中取得的，其实仔细推究亚氏那些被突破和抛弃的物理学观点，根源还在他相关的形而上学。中国也有这种情况，从秦汉以后，《易经》就成了中国学者研究自然的圣经。但是这书中最早的经验和事实记录早已无法考究，勉强可解的只有其中粗浅牵强的泛泛之谈和后期形而上学家的附会改造，这样的研究使中国后来的自然哲学几乎完全空洞而形而上学化。实际上，在先秦时期，中国人对事物变化的观察和思考曾经非常平实而自然，如《列子·天瑞》所说：

粥熊曰："运转亡已，天地密移，畴觉之哉？故物损于彼者盈于此，成于此者亏于彼。损盈成亏，随世（生）随死。往来相接，间不可省，畴觉之哉？凡一气不顿进，一形不顿亏，亦不觉其成，亦不觉其亏。亦如人自世（生）至老，貌色智态，亡日不异；皮肤爪发，随世（生）随落，非婴孩时有停而不易也。间不可觉，俟至后知。"

自然中的变化，无非是我们观察到的事物现象的损益成亏，随生随灭。细微的变化乍看无差无别，无声无息，惘然而觉时已物非人非，改天换日，这正是人们常常对变化感到疑惑的一个重要原因。《列子》是一本道家著作，事实上，道家是中国哲学家中非常注意观察自然及其变化规律的学派，如果他们不随便用自创的各种形而上实体来牵强解释观察所得，然后他们再对解决困难的问题耐心一点，积极一点，愿意做更多切实的研究工作，他们将是非常成功的自然科学家。他们所欠缺的这些素质，墨家刚好都具备。《墨经》中关于抽象变化的定义主要有三条：

45 化，征易也——变化，有特征可以识别的改变。

46 损，偏去也——减损，全体中被去掉一部分。

47 益，大也——增益，比原来大。

把复杂的问题回归简单的思考，墨家明确地把有明显可观察特征的变易定义为"化"，把它从一般笼统的变，尤其是那些无法察觉的细微变化中区分出来。显然，根据不同变化之特征，再给变化分类就有了一个切实的标准。比如可以看到的外观变化、可以听到的声音变化，甚至可以测量的生理或者情绪变化。如果我们能建立更细致的标准，我们就能定义更复杂精细的变化门类，外观上可以有颜色的变化、形状的变化、相互位置的变化，而声音也可以从频率、强度、节奏和旋律上更进一步区分。至于那些不可察觉的变化，墨家的态度很明显，既然不可察觉，那对于观察现象的物理学只能先搁置不论，静待人类观察和感知自然的技术和手段进步之后再来讨论。

但是还有一个不可回避的问题，到底什么是变呢？墨家没有直接定义，却清楚地定义了特定变化程度上的"损"和"益"，也就是我们通常理解的那些特定性质的减弱或加强，那些花褪残红、朱颜渐改、华发暗生等常见自然现象的一种程度上的比较结果。这个世界的现象实在太复杂了，这种复杂性有关于世界的变化本身，也有关于我们注意世界的方式和特性。从和风细雨到狂风暴雨，风雨都有明显程度的变化，暗示着某种"征易"的过程，比如风速计或者雨量计的计测结果不同。而从闪电到雷鸣，虽然这两者也常常伴随发生，给我们以变化的感觉，但是这属于我们目见和耳闻的不同观察结果，就不能说是单纯自然的变化，而可能也是我们注意方式不同造成的差异。我们对世界变化的精确认识首先要把众多纠缠在一起的复杂变化简单化，先要把我们关心的某种变化的本征特点找出来，然后用这种特征的某种程度的不同来衡量它，也就是进一步把变化数学化，以便于我们准确地发现各种条件和变化之间的相互关系，不仅需要定性，更需要定量。

　　这种方法一直被天才的思想者自然地采用。欧几里得定义线是没有宽的长，就是在他关心的线的性质中排除那不重要的"宽"的影响，同时也把这两种不同的量分别开来。牛顿在用数学方法处理关于物体运动的复杂问题的时候，天才地提出了"质点"的概念，把物体长、宽、高的外形特征和其他属性全部忽略掉，而只是抓住"物质的量"这个关键却充满玄幻意味的特征变量来做研究的基础，不再纠结这样的操作是否符合所谓的"实在"。今天物理学中为人熟知的物理量，甚至其他学科有代表意义的变量，都可以说是按照这种思路被发现，定义和研究的。从自然科学中的长度、宽度、高度、时间、质量、速度、加速度、温度、密度、硬度、浓度、溶解度、酸碱度，到人文社科领域那些更复杂的相似度、活跃度、支持度、满意度，只要找到有意义的重要特征和度量其变化的方法，所有现象变化都可以更加细致地区分和讨论。拿我们今天习以为常的温度概念为例。人本来对冷热变化的感觉不是很精确，细微温差的变化常常不容易区分。但是在自然现象中，水冷到一定程度会结冰，热到一定程度会化为水蒸气，这都是常见而明显的"征易"。天才的物理学家把某种固定条件下水结冰时冷的程度定义为 0 摄氏度，把水沸腾时的热度定义为 100 摄氏度，0 到 100 之间再均匀划分，冷热变化就再也不用诉诸人模模糊糊的感觉，成了一个可以精确定义和测量的物理量。

墨家希望切实而有效地研究变化的思想其实在中国历史中没有产生什么影响，中国后来指导自然科学的哲学思想主要是形而上学化了的阴阳五行说，一种几乎可以涵盖一切学问又毫无实际内容的空话哲学。这可以说是后来中国自然科学长期只能依靠经验积累，长期不能突破性进步的一个重要原因。在欧亚大陆另一端的欧洲，虽然近现代的物理学和自然科学基础理论基本上都是专业科学家建立的，但是这些巨大的成就也是在西方思想家辛苦努力突破套在他们头上的形而上学枷锁之后才可能的。西方自然哲学一开始也没有类似《墨经》中这种简洁的方法论思想指导，有的只是来自亚里士多德的烦琐范畴论的桎梏。

亚里士多德的范畴理论主要是一种关于实体的形而上学和关于人类语言的机械分析的结合，是一种以"物"和物具有的某种"东西"为根本假设的理论。亚氏认为所有对世界万物的描述逃不开十种基本的范畴：实体、数量、性质、关系、位置、时间、姿态、具有、作用、承受，他解释说，范畴就是区别某物"是"什么的分类，任何"是"后面的谓词必然属于这十类之中，表示对这些事物的某种说明。显然，这种理论就算正确而有意义，也只是在分析人如何认识或者言说世界，并不意味世界一定要按这种认识或者言说存在和运转。但是这种范畴理论后来很长时间内成了西方学者认识和研究世界万物的指导思想。由于范畴，比如其中最重要的性质、数量等，都是某种类似实体的固有"存在"，因此这些"存在"在实体中如何能够连续不断地变化，如何从一种常见的质变成另一种质，以及如何合理又不违反常识地量化这些"质"的变化，或者创造一些有必要的新质甚至新的范畴，就成了这种僵化的范畴理论绕不开的问题。一朵今天更红的花，昨天不那么红的红到哪里去了，是旧的红消失了，新的红重新产生，还是旧的红上增加了少量的红而成了新的红？一个物体移动到一个新位置，旧位置上的实体是消失了，还是旧位置自身消失了？移动位置总是对应一定时间的变化，位置和时间又是不同的范畴，把它们相除来得到速度的概念是不是很荒谬？[①]

现在看来，造成这些无谓困扰的根本原因就是形而上学那种本体论的思维方式，这种方式不把可以观察的现象而把纯属臆测的存在当作关心的重点，不把变化而把实体当作思考的对象。如果对比墨家的变化观念和亚里士多德的范畴理论，可以说墨家所谓决定变化的"征易"中的征，就是区分"变化"的类别的一种标准，一种以变化为核心的认识世界的"范畴观"。其实，如果只看亚里士多德的《物理学》，他未必不作如此想。毕竟亚氏也说过，时

---

① 此部分内容参考张卜天著《质的量化与运动的量化：14 世纪经院自然哲学的运动学初探》。

间就是变化的度量，变化是一种更基本的范畴。

三、最基本的变化——运动

变化无处不在，无时不有，无物可逃，或者说，变化就是空间、时间、万物本身，是隐藏在这些表象和直观之后更恒常的存在。面对如此杂多的乱象，如此纷纭的变化，有没有什么是那个万变不离之宗，是那个一切中之唯一，是我们研究变化时最重要和根本的变化呢？现代物理学的观点很明确，如果有一种这样独特的变化，这种变化一定是运动，今天物理学家的一个终极目标，就是用一组统一的基本运动方程描述世界。

运动是一种重要的变化，今天也可以说是一种常识。颜色是光的波动，声音是物质的振动，香、味、热都是分子的运动，而触觉上的坚硬柔软本质上就是无数电子运动的叠加，所有我们传统上形成的万物性质观念，全部可以用运动来解释。拿我们自身来说，我们的身体当然也是物质运动的一个现象，是无数更复杂的电子、分子、细胞、器官和组织活动的一种动态的平衡；而我们精神上的灵魂、理性、自我，其实只是无数神经单元发起的不断的反应和冲动的汇集，是像河流一样滔滔不竭的意识流和不断泛起的欲望波澜之外现。

能够在复杂的现象后面敏锐地觉察单纯的本质，而不是用一些笼统的空话渲染正确而无用的大道, 或者发明一些经不起常识和思辨质疑的玄妙理论, 这是《墨经》中非常明显的不同于当时所有流派思想家的特质。《经上》中讨论过抽象的变之后, 专门谈论的特殊变化全是关于运动的:

48 儇, 俱柢——考据不明, 或是某种如车轮滚地的旋转运动, 或者是相切的定义, 则原书中不应在此处。

49 库, 易也——考据不明, 或是定义某种绝对空间和物体的关系。

50 动, 或徙也——运动, 物体改变位置。

51 止, 以久也——静止, 物体在某段时间内位置不变。

52 必, 不已也——必然, 不改变某种状态。

前面两条定义由于传抄的错误, 很可能有脱漏或者误写, 现在的考据结果不是很明确。"儇"或许和"环(環)"或者"圜"有关, 让人联想到常见的转动和旋转。圆是亚里士多德所谓最完美的形状, 所以他推断天体运动轨迹一定是圆形, 这统治西方天文学上千年的天条, 其实是一种没有根据的臆断。《墨经》这条定义也可能不是关于运动的, 而是几何上一种关于相切的最早论述, 真相如何不必臆测。

第二个关于"库"的定义同样不确定。如果"库"这个字没有因传抄致误, 它很容易向我们暗示墨家曾经像牛顿一样把时空看作一个容纳万物固定不变的容器, 一个仓库。《经说上43》解说"尽"这个概念举了个例子："但止、动。"认为世间万物只有静止和运动两种状态，这也和牛顿的意见相似。如果把空间看作一个绝对不变的仓库，万物是仓库里川流不息的存货，有时静止，有时流动，那么《经上49》正确的文本应该是"库，不易也"。

　　如果世界万物真是在一个和万物不同的绝对空间仓库里，一个很自然的问题是，这仓库本身又是什么呢？或者说，是否有某种同组成万物的若干基本元素截然不同的元素专门来构成这个绝对的空间和仓库，来传递互相独立的这些货物之间的信息和相互作用呢？近代的学者像笛卡儿、牛顿等又想起了亚里士多德神秘的第五元素说，于是把这种"以太"引进来满足他们各自理论的需要。虽然现代的理论认为绝对空间不存在，实验结果也可以验证"以太"并不是一个解释新理论必要的"实体"，不过这种关于第五元素或者"以太"的想法并没有完全消失，它还可以被用来隐指物理学家最新的理论需要——暗物质。暗物质毕竟也是物质的一种，而不是那种和物质根本不同的仓库，绝对空间的想法暂时没人提了。

　　这真是人类探索世界的一种有趣现象。近代西方的物理学家费尽艰辛摆脱了亚里士多德的很多物理学观念，才实现了近代物理学的飞跃，而现代的物理学又在突破近代物理学的基础上有了完全不同的认识，有些观点反倒更接近亚里士多德。《经上50》定义动为"或徙"——位置的改变，如果单从这条定义推断这里的区域或者位置是指仓库中的位置，是以绝对空间为坐标系确定的位置，这有点像牛顿的理想；如果这个位置是亚里士多德所谓的相对位置，则更符合今天的主流观念。而墨家的意见更明确体现在《经下63》命题"宇进无近"：就算绝对空间是真实存在的，技术上也无法根据这个无差别的空间来确定位置，更谈不上讨论远近这种概念，因此所谓远近只能是事物之间的相对位置。爱因斯坦对此问题给出了最终的解决方案，他提出的狭义相对性原理认为，一切物理定律在所有惯性系中均有效。也就是说，以某种虚构的绝对空间确定位置，和以某件相对"仓库"静止或者匀速直线运动的"货物"确定位置，对我们发现物理定律的过程和结果没有区别。有没有绝对空间只是一个形而上学的争论。

事实上，我们普通人观察运动，甚至有些物理学家精密地研究运动，都是以潜意识里某种假想的绝对静止之物作为确定位置的参考系，这个静物就是地球。"此桌安在地上，不知天地安在何处"，宋儒张载的这个问题对那些不持"地球中心说"偏见的人其实是一种很自然的思考。当我们的视野扩大之后，我们才发现地球的位置需要灿烂的太阳来确定，太阳的位置离不开美丽的银河，而银河的位置在无尽的河外星系之中。我们如果不受控制地把这种思考方式外推，问一问宇宙的位置，回答只能说，按照我们今天对宇宙的理解，这样的问题是没有意义的。不过也有另一种可能，我们对宇宙的认识之外有某种新的意义尚待人去发现和认识。

爱因斯坦的狭义相对论基于这样一个基本的事实，宇宙中最快的是光，但光速不是无穷大，而是一个固定不变的常数，与光源的位置和运动状态都没有关系。绝对不变的是一种基本的速度，而不是我们通常感受的时间或者空间，这导致了我们世界观的根本变化。那种旧的世界观曾经给我们造成过很多困扰，比如之前提到过的这个悖论"镞矢之疾，而有不行、不止之时"。如果以为某个固定的时间点、某个固定的位置都是真实存在的，那么运动物体在这个时间这个位置的状态将是无法描述的。墨家在缺乏相关事实知识的时候，面对这样的悖论也提出了自己的解决方法，就是把貌似互不相干的时间和空间通过运动联系起来。《经上》定义运动为位置的变化，定义静止却不是直接的位置不变，而是"止，以久也"。这两条定义要结合起来看，没有时间的变化不可能有位置的改变，没有时间的流逝也谈不上静止。《经下64》明确断言："行修以久"——运动之长必然对应时间之长。不仅定义如此，事实上也如此，光速的特性已证明任何位移都需要时间，不管多么短暂。

墨家提出这种精确的定义和论断显然是针对那种在时间点上谈论运动的诡辩，力图把运动和静止的概念清楚界定。这也是让思维摆脱混乱和矛盾，能够真正从事发现和创造的一个必然步骤。如果运动是物体在一段时间内的位置改变，当人已经会简单地度量距离和时间，而这两个量在运动中如此稳固地联系在一起，把它们互相比较，会得到什么呢？似乎那个度量运动的重要概念"速度"已经呼之欲出了。不过，事情并没有那么一帆风顺，中国到最后也没有单独产生一种逻辑严密体系完备的运动学。而在西方，认识真理的道路同样曲折。亚里士多德说过，没有任何事物能在"现在"里运动，也没有任何事物能在"现在"里静止，他明确认识到运动和时间的关系。但是根据他固化的范畴理论，空间和时间相比是没有意义的，亚里士多德范畴说的强大影响力一直困扰着后来的学者，使他们不能自由地度量各种质和运动的变化。之后上千年时间，在亚氏形而上学框架下产生的描述世界的理论，充满着"形式的流动""流动的形式""第一性的质""第二性的质""种的距离""质的距离""形式的幅度""速度在空间的分布"等奇怪概念。能够在思想上取得根本性突破，为后来的物理学彻底打开枷锁的其实是一个中世纪的修士，奥卡姆的威廉。奥卡姆以他著名的剃刀原理闻名于世："若无必要，勿增实体。"他理论的矛头直指亚里士多德那种烦琐的形而上学体系，在他看来，亚里士多德的范畴并不是什么真实的"存在"，而只是人认识世界时形成的概念，是我们心里的观念和创造。我们运用概念不需要假定任何概念背后是否有某种真实存在，也不必纠结于那些本体论上的"真相"到底如何，而只应该关注概念是否可以简洁有效地帮助我们认识和描述世界。显然，接受这点根本的区别，发明和采用速度这样的新概念，甚至发明更多亚里士多德完全没有梦想过的质或者范畴就不再是冒天下之大不韪了。

到底有多少原因让人的思想戴上了无谓的枷锁，这是一个值得关注的问题。墨家从墨子开始就不怎么讲形而上学，儒道的形而上学气味在先秦也还没那么浓，谈不上成为笼罩一切思想的阴云。但是《墨经》中那些颇有思想精义的闪光最后都绝迹了，完全没有在后来思想史中产生应有的影响。现在当然无法猜测如果墨学能够自由发展会产生什么结果，甚至也无法准确判断当时墨家的思想和对世界的认识到底达到了一个什么样的境界，因为可以参考的原始资料实在太少了。比如《经上52》这个关于"必"的定义，如果传抄和训诂没有错误，这个"必"字确实是在谈运动，而不是其他地方谈论语言或者逻辑的内容误置于此，那它是什么意思呢？它紧跟在运动和静止的定义之后，懂一点经典物理学的人自然会联想到牛顿的第一条运动定律：任何物体必然保持匀速直线运动或静止状态，直到外力迫使它改变这种状态为止。说墨家当时已经认识到"惯性"，这当然是有点大胆甚至痴狂的猜测，聊备一说，以待新发现的资料证实或者证伪。

第六章
如何赋予"存在"一个结构

——墨家的几何和数学 [1]

① 本章内容可参看张景中著《数学与哲学》和孔国平著《中国数学
思想史》。

一、基于关系和结构的几何

谈到几何，欧几里得的《几何原本》是一个绕不开的话题。几何这种起源于古希腊关于空间的抽象思考在欧氏这本书里已经完成了主要的系统化和逻辑化的工作。这工作如此成功，让该书在西方的历史发行量仅次于《圣经》，也让欧氏利用逻辑方法构建严密体系的思维方式像宗教信仰一样影响了后来的西方思想家，然后又因为近现代西方社会和思想的巨大影响力而传播到整个世界。

或许也是因为欧几里得的工作太成功了，以致后人很长时间内在几何研究上所能努力从事的工作从正反两方面看都完全在欧几里得思想的笼罩之下。正面来说，就是在技术上对欧氏的工作修修补补，比如对其某些逻辑矛盾和漏洞的完善，或者推导出一些欧氏未曾发现的新命题。反面来说，也只是按照欧几里得的思维方式，尝试在不同的公理系统下建立其他几何体系，于是有了各种非欧几何。所有这些经过后人努力而具有更完善体系的几何其实都还是植根于欧几里得的架构——一组定义确定基本研究对象，一组公理或公设定下讨论的基础，然后利用严格的逻辑推理来搭建某种空间知识体系。

《经上》也有这样一组定义明显应该属于几何，因为它们集中讨论了一些关于空间的特性。但是按照一个习惯于体系化的欧氏几何或者其他成熟知识系统的现代人的观念来看，墨家这种几何系统明显粗糙朴拙，尚待发展建设，远远缺乏欧氏几何所具有的整体和谐之美。这种系统没有欧氏视为基础的公理或公设，亦缺少在此基础上推理和证明出来的各种命题，有的只是一些含糊不清、思虑不周的关于空间对象的定义。可以说，这种几何最多完成了欧几里得工作的一小步，或许还是充满犹豫和怀疑的试探性的一小步。

如果这样的一小步只是欧氏之后亦步亦趋的一小步，如果这样一种不成系统的几何只是欧氏几何或者非欧几何在异国他乡一种未完成的变体，那么今天其实没有多少研究的意义了，就像《墨经》中那些未完成的力学、光学命题在今天成熟的现代物理面前失去了大部分意义一样。不过，如果不用一种先入为主的欧氏几何的观念来粗暴看待这种几何，如果能在思想广阔的未知之境留一点空间给这种初上征程的几何，来想象一下它如果能够按照自己的步伐自由前进会把我们带到一个什么样的奇妙境界，则并非一件完全没有意义的事。因为墨家这种几何其实代表着人类思考空间的一种不同思维方式，和欧几里得乃至整个西方传统的几何思想有着完全不同的精义。即使《经上》只有寥寥几条相关定义，此种意味也非常明显——这是一种真正意义上的非欧几何：

53 平，同高也——等高，高度相同。

54 同长，以正相尽也——等长，与某种标准长度都相合。

55 中，同长也——居中，到某些对象距离相同。

56 厚，有所大也——体积，有空间上的大小。

57 日中，正南也——正午，直立木表在影正南方的时刻。

58 直，参也——直立，木表和吊垂线相合，则与地面垂直。

59 圜，一中同长也——圆，与一个中心距离都相等的图形。

60 方，柱隅四讙也——方形，四个角都是直角的图形。

61 倍，为二也——翻倍，两个原来的量。

62 端，体之无序而最前者也——端部，居前而不同于其他部分者。

梁启超认为，《墨经》中的端、尺、区、厚分别对应欧氏几何中的点、线、面、体，这实际上就是一种在欧氏几何强大影响下削足适履的结果。固然《墨经》中偶尔会用到端、尺、区、厚这些字词和概念，和点、线、面、体等似乎有某种暗合，但是这些概念并不是墨家几何中思考的主要对象，也没有在以上这些基本的定义中系统地提出。与《几何原本》中 23 条基本定义对比，差别非常明显：

1. 点是没有部分的。

2. 线是没有宽的长。

3. 线之端是点。

4. 直线是其上均匀放置着点的线。

5. 面是只有长度和宽度的。

6. 面之端是线。

7. 平面是其上均匀放置着直线的面。

8. 平面角是在一平面内但不在一条直线上的两条相交线相互的倾斜度。

9. 当夹这个角的两条线是一条直线时，这个角叫作直线角。

10. 当一条直线和另一条直线交成的邻角彼此相等时，这些角每一个被叫作直角，而且称这一条直线垂直于另一条直线。

11. ……称为钝角。

12. ……称为锐角。

13. 边界是某个东西的端。

14. 图形是一个边界或者几个边界所围成的。

15. 圆是由一条线包围着的平面图形，其内有一点与这条线上任何一个点所连成的线段都相等。

16. 这个点（指定义 15 中提到的那个点）叫作圆心。

17. 圆的直径是……

18. 半圆是……

19. 直线形是……三边形是……四边形是……多边形是……

20. ……叫作等边三角形……叫作等腰三角形……叫作不等边三角形。

21. ……叫作直角三角形……叫作钝角三角形……叫作不等边三角形。

22. ……叫作正方形……叫作长方形……叫作菱形……叫作斜方形……叫作不规则四边形。

23. 平行直线是在同一个平面内向两端无限延长不能相交的直线。

欧几里得定义的几何最基本的研究对象就是点、线、面及其组成的常见图形，并把这些图形的性质作为后续讨论的重点。这种想法显然对应着古希腊当时那种原子论或元素论的世界观：万事万物都由某些不可分的原子或者基本元素组成。以此类推，空间对象，那些复杂的三角形、四边形、多边形、圆形、各种立体等，当然可以看作由不可分的点，还有一些假想的线、面等基本元素组成。关于点、线、面以及图形之间的相互构成关系这种隐含的假设，决定了欧氏几何构造的基本特征以及一直以来的发展方向，但是也因为这种先天的成见使它不能适应近现代人对世界更灵活的认识，渐渐丧失了在数学王国中显赫的地位。

可以看出，墨家的想法完全不同，他们的几何关心的基本对象不是各种点线面体等元素，而是人们在对空间的认识中形成的各种位置关系，比如某对象和某对象等高、某对象和某对象同长、某对象和某对象平行或者垂直。虽然墨家对这些关系和结构的认识还很粗浅，系统不明，表述含糊，但是和欧几里得那种思维方式的完全不同却显露无遗。探寻思想上更深层次的原因，或许是因为中国很早就抛弃了类似原子论那种机械的、实体的物质世界观，中国后来最主流的关于世界构成的理论是气说——精气、元气、阴阳之气，而经过发展和改造的五行说则是居于其下的范畴。相较于坚实的、静止的、不可再分的"原子"，"气"更像是一种无形的、流动的、浑然一体的完全不同的存在。在中国人的世界观中，这个有形的世界不是用一些基本的材料像搭积木一样一块一块堆积起来的，而是在无数气的汇聚流变中整体显现出来的。"体，分于兼也"，任何部分都要放在某种整体中来思考。

理解墨家几何和欧氏几何这种基本的不同，再把两种系统中的概念强相比附就显得牵强且无谓了。梁启超整理的端、尺、区、厚四概念，端和厚在《经上》有直接定义，明显不能简单理解为欧氏的点和体。"端，体之无序而最前者也"，这里突出的是某整体中特殊而无序的部分，这部分可以是线段的端点，也可以是某图形的边缘或者顶点。欧氏定义3"线之端是点"，6"面之端是线"，13"边界是某个东西的端"，其实是《经上》"端"之定义最好的注解。端在现代汉语中也就是这个意思：（东西的）头。不过，仅依靠字义来理解《墨经》中的所有定义也并不一定是一个十分稳妥的办法。比如"厚"，这个字很容易让人想到一个没有厚度的平面，当然也就没有所谓空间的大小体积，所以"厚，有所大也"，定义的就是那占有一定空间之物，某种有体积的东西。著名的惠施十事之二曰"无厚不可积也，其大千里"，讨论的正是这一问题。不过，推而广之，面没有体积，线没有面积也没有体积，点没有长度没有面积也没有体积，它们都是某种"无厚"，而长度、面积、体积都有某种维度上的大小，又可以说是某种"厚"。所谓"厚"，也可以广义理解为用来度量空间大小的各种维度的量。而且这些不同的"厚"是人认识世界的一些不同观念，它们相互之间不一定有某种构成上的确定关系。欧几里得说"直线是其上均匀放置着点的线"，"平面是其上均匀放置着直线的面"，这种表述暗示点构成线，线构成面，面构成体，直接导致他的几何体系中不能解决的逻辑矛盾，也让其无法精确描绘现实世界的空间图景。

如果要来抽象地反映我们所处的现实空间，到底什么样的概念是最基本的呢，是像砖瓦柱板一样的点、线、面，还是其他什么? 墨家所定义的第一个关于结构的概念是"平",这也很容易让我们联想到欧几里得关于平行直线的定义。不过,欧氏的定义明确限定在直线,或者以此类推的平面范围,而《墨经》并没有这些意味和假设。"平,同高也",这是一种来源于现实观察,并且没有任何多余假想和限定的开放定义。平行线可以说是等高线,同心圆也可以说是等高线。地面如果是平面,等高者也在一个平面上;地面如果是一个球面,等高者则是另一个球面;如果地球表面是一个复杂的曲面,那与它等高的一些面也会有对应复杂程度的变化,但都不妨谓之"等高也"。甚至可以想象用不同于空间维度的其他量来作为衡量"高"的标准,比如势能、磁场、气压,以此绘出各种不同"空间"内的等高线。

那如何确定等高呢,这实际上涉及量的比较的问题,也涉及几何和数学中最基本而常常被忽视的问题——什么是相等? 欧几里得把这个问题视为不需要怀疑和讨论的公理,他的五条公理之前四条都是关于此的:

1. 等于同量的量也彼此相等。

2. 等量加等量其和相等。

3. 等量减等量其差相等。

4. 彼此重合的东西彼此相等。

欧氏的这些公理实际是上放弃了他的几何系统在数学中的基础地位,他在这些公理中借用了数学中某些似乎不需要解释的概念，比如相等、相加、相减，而这些基本的概念到底应该有什么严格的逻辑意义，其实当时的数学家还远远没有解决。墨家的思路则不同，《经上54》直接定义了几何量的相等"同长，与正相尽也"。《经上97》"正，无非"，"正"是某种规定为绝对正确的标准，对应在实际度量长度时就是古代工匠手中的尺，或者现代科学家郑而重之收藏在某个展览馆的国际米原器。两个长度相等，就是这两个长度都和某标准长度"相尽"，或者如欧氏所谓的相重合。这种定义是一种规则的制订，也是一种来源于现实的抽象。事实上，如今我们理解的相等，本质上也只有这两种。一种像 3+7=10 这个算式中的等号，按现在逻辑学家的理解，无非表示按照某种完善的规则系统，比如皮亚诺公理的规定，3 和 7 这两个数经过相加运算之后必然是一个新数，为了简便我们用另一个十进制符号"10"表示它。按照规则，3+7 和 10 这两组符号的含义在这套算术系统中根本就是一样的，也就是说可以利用规则把它们还原为同一个基本符号组合，这种"一样"关系用"="表示。不管规则和运算过程多么复杂，此类符号系统中等号的意义莫不如此。还有一种现实中的相等，一栋楼和一棵树一样高，可以用一根长杆作为"正"分别同楼和树比较来判断。一棵树上的果子和另一棵树上的果子一样多，可以用一个标准的"数字尺度"作为"正"来比较，这种比较过程就是数数，以确定两者的数量是否都是某一自然数。而这种数字尺度——自然数系统——实际上就是我们从实践中发明的度量一切数量的抽象而且标准的"正"，这时候的"相等"，也是"以正相尽也"。

数字是一种最抽象的度量系统，现实中的度量都离不开某种量纲或者量纲的某些有物理意义的组合。与绝对标准的自然数系统相比，其他具有物理意义的标准则是相对的，可以随着人类的认识和技术的进步而变化。国王的一肘之长、标准的米原器，或者特定的光于某段固定时间通过真空的距离，都可以作为现实可用的标准。空间中的基本量纲只有长度或者距离，任何长度都可以定义为空间中两个位置或"点"的距离。而墨家定义的"量纲"——厚，有所大也——只能看作人类认识尚不明晰时的一种含糊表述。实际上在抽象的几何中最重要且应用最多的量也是长度。有了长度，才有同长，才有同高和平行，才有线段的中点，才有圆和圆心的精确定义；有了长度，才有面积、体积等其他用于空间的量度；有了长度，空间中一些基本的重要位置关系也都可以定义出来，比如垂直。欧几里得为了定义垂直，不得不引入了平面角、直线角，并且利用一种角度相等的数量关系定义直角和垂直，这显然太烦琐了。其实，直观地看，过直线外一点要作一条线与原直线垂直，只需要以此点为圆心作一个圆与原直线相切，圆心与切点的连线即垂直于原直线，而圆的半径即为点到直线的距离。《经上48》"儇，俱秪"，说明墨家显然有相切的观念，他们作为中国一批最早的工程师，可能很早就从车轮滚地的运动中抽象出这些基本的位置关系，先秦著名的辩题"轮不辗地"就是当时人对此现象的一种另类思考。车轮每时每刻都和地面相切，轮心即为圆心，圆心运动的轨迹与地面永远相平，圆心与切点的连线永远垂直于地面。值得注意的是，这里的面或线并不必假设为欧氏的平面或直线，而只是需要这面或线在一个狭小的范围内能有一个足够小的球或圆与之相切，也就是说这面或者线在这个小区域是连续的。如果用这种思路定义垂直，至此为止，《经上》以"端（点或位置）、厚（长）、同长、圜、中、儇、平、直"等为基本几何概念的体系才算是有了一个环环相扣的结构。

实际上，墨家使用了另一种完全不同的方法定义"直"，《经上57》"日中，正南也"，58"直，参也"，这种定义"垂直"的思路同样直接来源于实践。古人很早就会利用日影测量时间，一根垂直于地面的长杆，其影在正北的时候即是一天的正午。但是如何确定杆是否垂直于地面呢，一个根据经验的简单办法是在杆的顶端悬挂吊锤，当杆与吊锤线方向一致时即和地面垂直。正是利用这种朴素的知识，古代的工程师发明了强大的实用工具——矩，一种有两条互相垂直的长短边的曲尺，如《周髀算经》记载：

周公曰："大哉言数！请问用矩之道。"商高曰："平矩以正绳，偃矩以望高，覆矩以测深，卧

矩以知远，环矩以为圆，合矩以为方。方属地，圆

属天，天圆地方。方数为典，以方出圆。"

用直角的矩可以测定水平和垂直，可以确定物体的高度、深度和距离，可以用来画方，甚至可以用来画圆和处理关于圆的问题，乃至可以和当时古人天圆地方的宇宙观完美契合。

《经上》这种来源于实践的定义乍看起来似乎缺乏普遍性，不是一种在抽象讨论中明确和可靠的定义。不过，今天我们知道，墨家的定义其实是利用了地球引力的作用，而引力，按照现代物理的观念，只是地球周边某种势或者力场的效应，物体在其中自然有沿着这种势变化的方向运动的趋势，即沿着某种"测地线"运动。所以，按照墨家几何对"平"的理解，结合一种变化或运动的观念，垂直完全可以抽象地根据某种等高线之间的高差或者距离，定义为一组等高线中高度变化的方向。这样定义的几何，不是欧几里得那种虚构的绝对空间的几何，而是能描述各种物理空间结构的几何。一个最著名的例子，欧几里得说两点之间直线最短，而现代物理学家认为光走过的路线才是现实空间中最短的距离，它并不是欧氏所说的直线。我们所谓光沿直线传播，按爱因斯坦的解释，这条直线代表空间因为某种作用变化和扭曲的方向，而不是欧几里得所指示的"绝对"直的方向。光的运动方向所指向的其实是空间与时间最深远的奥秘。根据这种新的探索时空的指

引，物理学家有了对世界图景全新的认识，与先前大为不同。英国物理学爱丁顿在《物理世界的本质》中对此有诙谐而简洁的描述：

> 物理学定义概念的过程有点像"杰克造房子"的办法：这是势，它由间隔导出，间隔由量尺测定，量尺由物质材料制成，材料体现出应力，应力……

爱丁顿的意思是，现代物理学的基本概念系统已经形成了一个首尾相连的闭环系统，引力场中的势由间隔定义，间隔由量尺定义，量尺由物质定义，物质由应力定义，而应力又需要由势定义。描述世界的物理学概念系统，竟然像一个人为定义的逻辑系统或数学体系一样前后连贯，自我循环，这似乎是一个奇迹。很有趣的是，爱丁顿所说的"势—间隔—量尺—物质—应力—势"的循环，和墨家几何中"平—厚—正—端—直—平"的循环如此神似，这难道只是一种巧合？

二、数的结构

《经上》几何部分还有一个特殊的定义"倍，为二也"。如果从几何的角度看，它定义的是线段长度的比率，但是从算术的角度看，也可以说它定义的是"相乘"。$1 \times 2 = 1 + 1$，$5 \times 2 = 5 + 5$，这条定义规范的也可以说是乘法符号的使用规则。"偃矩以望高，覆矩以测深"，先秦时人已经能够很熟练地在几何应用中使用比例关系，当然也会在一般算术中使用乘法，甚至已经发明了九九乘法表。但是，基于空间结构的几何和基于计算的数学到底是一种什么关系？到底谁应该更基础，可以用来推导出另一种系统？中国古人明确地认为是算术，或者数学。

> 昔者周公问于商高曰："窃闻乎大夫善数也，请问古者包牺立周天历度，夫天不可阶而升，地不可得尺寸而度，请问数安从出？"商高曰："数之法，出于圆方。圆出于方，方出于矩，矩出于九九八十一。故折矩以为勾广三，股修四，径隅五。既方其外，半之一矩。环而共盘，得成三、四、五。两矩共长二十有五，是谓积矩。故禹之所以治天下者，此数之所生也。"

上述记载见于《周髀算经》，这是一本早期的数学书，基本上以应用数学为主，讲古人最重视的测天之术。书中这段引文特别为人重视，它后半段是中国最早谈到勾股定理的文字，而前半段更是中国文献中少见的关于数学思想的讨论。周公质疑商高擅长的测天之数术，因为"天不可阶而升，地不可尺寸而度"，没有实际经验可以检验，这样的数学有可以信赖的根据吗？商高回答，天文上应用的数学来源于圆方，也就是来源于几何的推演，而几何来源于"九九八十一"，来源于加减乘除的运算，几何的基础是纯粹数学。这书中周公商高问答多半是虚构的故事，但是其中的数学思想绝不是虚构的，它代表着中国数学重算术轻几何、重演算轻证明的传统，也暗示着数学家重实用轻理论的倾向，这种传统和倾向直接决定了中国数学后来的发展。

数学和几何的关系与地位问题在西方思想史上曾经也是一个长久争论的问题。古希腊的大数学家毕达哥拉斯说"万物皆数"，认为数和数之间的关系和比例决定了这个世界的基本元素和形式。1是最基本最神圣的数字，1生2，2生3及其他，数又可生点，点生线，线生面，面生体，体生万事万物。和中国基于应用的数术相比，他明显更关注数学中某种抽象而绝对的东西，这种思想直接影响了西方后来的数学思想，也影响了西方后来的形而上学和自然哲学。毕达哥拉斯开创了一个学派，也开创了基于演绎证明的数学传统，但是这证明方法却导致某些他们未曾料到的结果。勾股定理，希腊叫毕达哥拉斯定理，在西方是这个学派最先发现和证明的。根据这个定理，一个直角边长为1的等腰直角三角形，两直角边的平方和等于斜边的平方，则斜边的平方为2，那斜边是多少呢？毕达哥拉斯学派证明，这个数肯定不能写成两个整数之比，它是一个按照他们的世界观来说"毫无道理的数"。如果他们的推演证明是绝对的，那么他们用数构建的"绝对的"世界就必须崩溃，为了这个不可接受的结果，发现无理数的希帕索斯后来被毕达哥拉斯其他门徒扔到海里去了。

无理数的发现号称第一次数学危机，作为危机的一个结果，既然现实中有些几何量是当时数的理论无法表示和解释的，显然几何应该是一种更加基础的学问。后来柏拉图在《蒂迈欧篇》发展了一种与单纯的原子论不同的以某些基本的正多面体构成宇宙的世界观，欧几里得《几何原本》建立一种体系完备的几何，都是这种危机导致的变化。《几何原本》的成功，也使几何及其方法成为西方后来上千年数学研究最重要的部分。不过，这种几何的根基其实也未必有多牢固。芝诺早在欧几里得之前就已提出他著名的悖论，这些悖论表面上是关于时间和空间如何分割成点和瞬间的讨论，实际上质疑的也是欧氏几何的基础：不占空间的点如何构成有长度的直线、有体积的空间？

这个问题困扰了西方的思想家两千多年。到中世纪后期，学者已经明确把运动定义为一段时间内物体的位移，而且会用位移除以时间来计算平均速度，但是一接近另一个重要的物理量——瞬时速度，芝诺的诘难就成了不可回避的问题。天才的牛顿利用他自创的微积分，把瞬时速度定义为无穷小的时间内通过的无穷小的距离之比，但是他实用的方法仍然没有从理论上回答这个根本的问题：无穷小量到底是不是零？对这个问题的质疑导致了第二次数学危机。牛顿为经典物理学奠定基础的巨著全名其实叫《自然哲学的数学原理》，他第一次把数学计算全面应用于物理学，并且推导出能精确描绘物体运动的方程，但是关于他使用的这些数学工具中的理论缺陷，牛顿只能留给后来的数学家处理。

两次数学危机涉及的根本问题都是关于我们世界观中无限可分、连续性和无穷小等概念，这些都可以抽象为几何中直线的分割问题。从笛卡儿发明坐标系后，直线上的点又可以用一个位置坐标来表示，几何的问题又重新转化为数的问题。在人类的进步之路上，人最早认识的是自然数，然后自然数可以拓展成整数，整数之比可以定义有理数。但是无理数在数学上如何定义，这个问题从$\sqrt{2}$发现以来一直没有圆满解决。有理数有一个奇怪的性质，就是任意两个有理数之间总可以插入至少一个有理数，比如两者的平均值。这说明在一条连续的数轴上，代表任意两个有理数的点总是被隔开的，仅仅由有理数组成的数轴是一种离散的结构，需要有一些未知的填充物才能使它们连续起来。这些未知者应该是一些其他的"数"，这些数是不是就是那些无理数？用什么方法可以精确定义和描画出这些数呢？

思考这些完全未知之物需要自由的抽象思维，也需要严格的逻辑推理，还需要建立完全不同以往的体系，发现新的工具和方法。这种既是开创性的又是基础性的工作要等到十九世纪才最终完成，其中关于无理数，也就是关于全部实数的最著名的理论，是德国数学家戴德金在《连续性与无理数》中提出的"戴德金分割"。戴德金利用集合、无穷和极限的新思想把实数定义为一条数轴上有理数的分割：有些分割点本身就属于被分割的集合，就是有理数；有些分割点是有理数间无法确定的空隙，只能用极限的思维来界定，它们组成了无理数。有了清晰的有理数和无理数的区分方法，一个作为连续统的实数才算有了完备的理论。

《经上》在关于几何的讨论之后有一组定义很奇怪：

63 有间，中也——离散，两物之中有它者。

64 间，不及旁也——间隔，分开其旁两物者。

65 纑，间虚也——纑，有虚空间隔的某种结构。

66 盈，莫不有也——盈满，占有某空间所有部分的状态。

68 撄，相得也——重合，两者有相连接处。

69 仳，有以相撄，有不相撄也——仳连，部分重合部分不重合的结构。

70 次，无间而不相撄也——连续，没有间隙又不重合的结构。

这里作者大费周章，其实定义的主要是两个概念，"有间"和"次"，也就是离散和连续。"有间"是两者之间有他者，"间"就是分开两者之他者，"撄"是两者有重合，"仳"则是部分重合部分不重合的序列结构，而"次"就是既不重合又不间隔的结构，就是一个连续。虽然这些定义使用的都是模糊的自然语言和理解方式，离现代数学需要的抽象、严格而且可运算的符号语言相差甚远，但是墨家学者关心的概念明显就是数学史上非常重要的离散和连续的问题，可以说是对数及其结构的一种初步思考。

现代的实数理论是在康托尔、戴德金等众多数学家对于集合论的研究中建立的完备概念体系，而集合论及其研究方法也被很多人视为现代数学的基础。很难想象墨家当时对集合论思想及其方法有多少深刻理解，但是现存《墨经》中很多条目都显示墨家学者有类似集合的观念，而且经常运用集合思想来讨论问题。《经上 79》"名，达、类、私"，明确把概念分为通名、类名和专名，所谓"类"可以说就是按照某种标准把事物归为一个集合，"达"是此类集合的一个全集，而"私"则是仅有唯一元素的一种集合。《经上 2》"体，分于兼也"这样的认识论基本原则，也可以用来界定集合及其子集之间的关系。欧几里得曾经想当然地把"整体大于部分"作为他的几何体系的一条公理，而康托尔在思考集合理论的时候认识到，突破这种简单的设想正是讨论无穷集合性质的重要一步。墨家也考虑过无穷元素的集合，《经下 73》说"无穷不害兼，说在盈否"，他们认为对于一个无穷集合也可以作为一个整体考虑，并且不妨碍研究这个整体的性质，方法就是看这个集合的元素是否能够"盈满"另一个已知集合。自然数是我们所知最基本的无穷集合，只要对自然数有清晰和严格的定义，其他数都可以以此为基础来认识，而不必只依赖我们不可靠的直觉和猜想。按照现代数学家的解释，比如著名的"希尔伯特酒店"故事的寓意，一个拥有无穷房间的酒店，即使住满客人，仍然可以接待更多的甚至是无穷的客人，无穷加上无穷仍然是无穷，无穷集合有一些超出我们直观的特殊性质。那什么叫"盈满"呢？对于酒店来说就是每个房间都有一个客人，用康托尔朴素集合论中的语言来说，就是两集合中的元素有一种"一一对应"的关系。这种在两个集合的元素之间建立一一对应关系的方法正是康托尔解决无穷和数的理论问题的一把钥匙。比如我们通常的数数，本质就是把某类集合和最基础的自然数集合建立一一对应，来确定和比较这些集合中元素的个数。所以，康托尔据此证明一个令前人迷惑的性质，所有奇数、偶数、整数甚至有理数，其个数都和自然数一样多。关于这种确定数量的方法，《经下74》说"不知其数而知其尽也，说在问者"，其实表达的就是类似想法。所谓"问"，发出一个信号，收到一个回复，类似点名、数数、使各就各位，每个客人各有一个房间，都是利用一一对应关系的操作。

和《墨经》中其他哲学思想一样，墨经中的数学在后世也没有产生多大影响，尤其是后来中国思想界被空谈道德心性的形而上学伦理派独占之后，几乎没有人能知道和理解《墨经》中这些精深的数学思想。记载中偶尔能发扬这种数学的只有极少数早期专业的数学家，比如三国时的大数学家刘徽。刘徽的《九章算术注》可以说是中国众多算经中少有的具有数学理论体系的著作，是把中国数学从技术向理论发展的最著名的尝试。刘徽明确提到过《墨子》，他的"割圆术"就是利用墨家无穷分割的观念，把圆当作一个内接于圆的无穷边数正多边形考虑，来逼近计算圆的面积。他受墨家和惠施等观点的启发，把无穷分割后的无穷小量视为微细无形却可以累积的不为零的量：

半之弥少，其余弥细，至细至微，微则无形。

由是言之，安取余哉？数而求穷之者，谓以情推，不用筹算。

无穷小量似乎是微细以至于无的近似零的量，又是可以累积起来有所大的量，这种表面上的逻辑矛盾其实是人对无穷小概念定义不够清晰，没有从逻辑上明确将其与零区分导致的。这样的问题不是一个计算和技术的问题，而是一个思维和逻辑的问题。"谓以情推，不用筹算"，数学是以逻辑而不是计算为基础，是人类利用从现实情形中抽象出的普遍概念和规则做严格的逻辑推演所构建的知识大厦。从这种意义上说，《墨经》中的数学虽然简略，虽然没有完成什么系统的理论和体系，但是已经属于直接讨论数的本质和逻辑结构的最基础的数学。

第七章
从割裂到圆满

——墨家的逻辑、方法和知识论

一、归纳和演绎统一的逻辑学

《经上》最后一部分，历来是全篇中最杂乱而难解的，造成这种现状的原因不止一个。先秦古籍最初都写在竹简上，再以绳索串编，天长日久难免因朽坏散乱零落，后人整理时不能理解文义，只好把一些散简暂时附在最后，这也是人之常情。再后来训诂的学者没有确凿的证据，自然只能按照古来传抄的顺序整理注释，导致今天看来，有些属于心理学、伦理学、物理学的内容都被穿插安置在这一部分之中，使文字义理上下不能连贯，更增困扰。而且，今天所见的古文本明显前后两部分曾被混编在一起，说明这个整理者不但不能理解细节的文义，甚至对全篇结构也没有基本的认识，才会把意义相近的条目仿佛穿花一般间隔编排，显然无关的条目却紧挨着。深究起来，是否还有散简干脆被失落、毁损或者弃之不顾，也就不得而知了。

造成理解困难也与作者和时代有关。《经上》最后部分有些总结性的文字，和全篇主要以定义为主的形式不同。后人整理时如果也要把这部分句读成定义的样式，或者按照定义来理解，自然驴唇不对马嘴，牵强难解。再加上原文成书在秦统一文字之前，可能没有经秦汉人及时整理改写过，使用了很多异体字，有很多古字后来已经不采用，大大增加了理解的难度。

还有个原因与文章义理有关。《经上》最后部分谈到了一些先秦辩者论辩时的规则和方法，也就是亚里士多德所说的修辞学。古代的印度、希腊和中国作为现代文明几个重要的发源地，在文化发生之时都曾流行过辩论的风尚，兴起于古希腊的修辞学对欧洲后来的学风也颇有影响，但在中国，论辩之风自先秦后就已经式微，后人常以诡辩视之。这种论战风气的直接成果是，印度产生了因明学，希腊产生了亚里士多德的修辞学和逻辑学，而中国只留下"惠施十事"和"辩者二十一事"这些语焉不详的记载。《墨经》中这部分直接关于辩论规则技巧的特殊内容，在论辩风气衰微之后已经没有多少实际意义，后人亦难以索解。但由此而起的逻辑学、方法论和知识论等内容，也因为似乎看不出什么实用的价值而被忽视和遗忘了。逻辑思维和方法的贫乏影响和改变了其后两千多年中国人的思维方式和精神面貌，也失落了中国历史另一种可能的演进方式。《经上》最后这部分重要内容，可以说是中国现存古籍中最集中讨论逻辑学、方法论和知识论的材料。关于由辩论而产生逻辑、方法和知识的过程，《小取》开篇有一段明确的论述，可以视为《经上》这部分内容的一个总纲：

> 夫辩者，将以明是非之分，审治乱之纪，明同异之处，察名实之理，处利害，决嫌疑焉。摹略万物之然，论求群言之比。以名举实，以辞抒意，以说出故。以类取，以类予。有诸己不非诸人，无诸己不求诸人。

辩论可以明是非，审治乱，明同异，察名实，处利害，决嫌疑，描摹自然万象，讨论观点和意见，所有这些功能的实现都依赖于从现实中抽象出来的一套完整逻辑理论和方法——"以名举实，以辞抒意，以说出故。以类取，以类予"。

《经上》谈逻辑首先是下面一组定义：

71 法，所若而然也——原型，它物所模仿者。

72 佴，所然也——副本，模仿它物者。

73 说，所以明也——论证，使命题清楚明白。

"法"这个字，因为中国思想史中法家的强大影响，今天很容易被理解为刑法、法律，而此处墨家所谓"法"，其实指工匠制造器物时所用模型、型范。把液化的金属倒入模子，可以铸造同样形式的制品，这是一种早为古人了解的非常可靠的加工方法。型范可以塑造器物，刑法可以规范人，社会实践中这些巧妙的暗合，自然可以启发对于"法"更丰富更深刻的认识。《经说上71》"法。意、规、员，三也俱可以为法"，意指画圆可有三种方法：第一种利用圆的意义，可以在圆心周围标示与其相同距离之点，各点相连即为圆，第二种用圆规作圆，第三种用一个圆的模型描出一个圆。

《经上》在此定义这个"法"字，实际上是想强调一种思维的方法，像使用一个模型生产出许多产品一样，在同一个模式下做一种可靠的延伸思考和推理。"说"，在墨家逻辑概念中特指推理和论证，"以名举实，以辞抒意，以说出故"，就是这样一个包含定义、命题和论证的完整逻辑系统的概括。墨家总结常用的逻辑推理和论证方式有好几种，"或、假、效、辟、侔、援、推"，如《小取》所言：

> 或也者，不尽也。假者，今不然也。效者，为之法也，所效者，所以为之法也。故中效，则是也；不中效，则非也。此效也。辟也者，举也（他）物而以明之也。侔也者，比辞而俱行也。援也者，曰："子然，我奚独不可以然也？"推也者，以其所不取之同于其所取者，予之也。"是犹谓"也者，同也。"吾岂谓"也者，异也。

其中唯有"效"是具有确然性的严格推理，"中效，则是也；不中效，则非也"，可以用来明辨是非。而这种推理的有效，离不开"法"的建立和利用，"效者，为之法也，所效者，所以为之法也"。效法，仿效严格的模型或者形式进行推演的思考，这是墨家对形式逻辑最直接和原初的理解。这种形式逻辑在历史上最著名的代表，莫过于亚里士多德创立的三段论。经过细致的分析，三段论可以分为四种不同的格，每格又有 64 种不同的式，而所有不同格式中有 24 种在推理上是有效的，根据真的前提能推导出真的结论。

亚里士多德三段论的巨大成功使这种严格形式化的演绎逻辑在西方很长时间内几乎成了逻辑的代名词，使很多后来的学者完全忘了亚氏也曾经提到过的另一种思考和发现知识的方法——归纳法，这种状况一直持续到以伽利略、培根为代表的科学启蒙时代之前。亚里士多德谈逻辑的书叫《工具论》，培根把他专门讲归纳法的书命名为《新工具》，这种表面上的针锋相对反映了两者对逻辑中不同类别的侧重，也反映了他们视逻辑为发现知识之方法和工具的共同立场。

真正原创的、自由的思想家是没有多少无谓偏见的，也很少在他开创的领域受到所谓传统的禁锢，因为那个时候根本还没有传统。逻辑刚刚产生时本没有演绎和归纳严格的壁垒，它们都是人发现和思考的工具和方法，从自然中选取提炼，又向自然外推，成为实践这个完整闭环不可或缺的一部分。"以类取，以类予"，这句话表明了墨家对于归纳和演绎逻辑的基本认识和态度。墨家的"效"指有严格形式而且能推出必然结论的逻辑，这种观点也并不把归纳和演绎割裂看待，数学归纳法和三段论一样，都是一种典型的"效"。亚里士多德三段论畸形发展其实是后人迷信和偏见的结果，亚氏自己从来没有轻视过归纳法。同样，说培根提倡归纳而反对演绎也是一种同样的无知和偏见，培根的书只是一种矫枉难免过正的无奈，他自己就经常使用演绎法。归纳和演绎在逻辑推理中有同样重要的地位，甚至有完整一体的形式，比如舍尔巴茨基在《佛教逻辑》中列出的因明五支论式：

宗（论题）：此山有火。

因（论据）：有烟故。

喻（例证）：如厨，有烟也有火。

合（应用）：今此山有烟。

结（结论）：此山有火。

这论证前部分根据日常经验——厨中有烟也有火，归纳出一般规律"有烟也有火"，后部分利用概括的规律作为大前提，以"此山有烟"作为小前提，推出结论"此山有火"，则是一个典型的三段论推理。据考证，这种五支论式是印度因明最早的形式，而后来因明学发展为类似三段论的三支形式，弱化了归纳的地位，考虑到印度和西方交流的历史，很难说没有受希腊和欧洲文化的影响。

但另一个导致归纳法在中世纪被忽视的原因是：相对于从三段论之类形式逻辑中整理和发现若干有效的论式，从神奇的大千世界中归纳和总结可靠的规律和真理，难度实在要大多了。什么是归纳的基本原则和方法，什么又是归纳的有效和无效、确然和或然的理由，甚至什么是严肃的归纳和胡乱的"狂举"的分野，这些重要问题直到今天也没有一个如同演绎推理那样明确的理论和体系。这种发现知识真理的基本工具和方法上的混乱，可以说是历来各种哲学流派、神秘主义、不可知论、诡辩派、理性主义、经验主义、逻辑实证主义等不断产生而且争论不休的重要原因：知识没有一个让所有人心服口服的可靠起源。

前人简单粗浅的归纳工作，比如从厨房有烟又有火就推出有烟必有火的结论，虽然很容易被一些崇尚绝对、全能、完美的理性主义者嘲笑和忽略，但是这种貌似可笑和琐碎的不断收集整理、不断思考和提炼的过程正是实实在在发现知识和真理的踏实工作，效用远胜寄望于某种伟大或完美存在的恩赐和赋予，以及不切实际的一朝顿悟和超然。可以说整部《经下》的内容主要就是墨家在发现知识之路上采集的所获，和他们对这种采集工作的一些初步总结和思考。这些发现和思考虽然原始，古朴，稚拙，却是真正知识原初的种子，条件合适时就足以长成一片生机勃勃的莽原。

墨家有一些较早的关于归纳法的理论，他们归纳法的核心是"类"，以同异为标准的分类：

87 同，重、体、合、类——同，分同是一物、同属一体、同合一处、同归一类。

88 异，二、不体、不合、不类——异，分不同之物、不同之体、不同之处、不同之类。

墨家不但试图给万事万物分类,而且试图给分类的标准分类,这是一种抽象后的再抽象,简单归纳之上更高层次归纳的尝试。他们认为"同"有四种:两者异名而为同一物,即完全一体之"重"同;两者同属于一个整体,也就是因为我们认识的作用而从某"兼"中分出的"体"同;两者同处于某共同的空间,一种物理上的"合"同;两者因为某种理由被归为同一类的"类"同。墨家这种区分如果按照逻辑上分类最基本的要求来看,显然谈不上统一和完备,前三种方式似乎都可以看作第四种方式的再细分。但是,作为归纳的基本要义就是要在自然和逻辑之间划定各自的边界,再建立一个沟通的桥梁。如果这样理解,墨家前三种"同"都可以看作认识上自然的分类,而第四种则专指逻辑上的分类。

时刻不忘自然和逻辑的分野,这是墨家知识论与通常逻辑学家知识论最大的区别。这种区别典型地体现在下面一组定义:

77 已,成、亡——已然,完成、消亡皆可为已然。

78 使,谓、故——使然,分逻辑规则使然、自然条件使然两种。

79 名,达、类、私——名称,分通名、类名和专名三种。

80 谓,移、举、加——定义,有借用其他名称、指示或模拟实物、在其他名称上添加限定等三种方法。

世界已经是现在这个样子, 现在这个样子意味着一些生成, 也意味着一些消亡; 意味着有一些现象被我们注意, 也有一些"现象"悄无声息地逝去。正确地理解世界现在的样子, 并且认识到所谓"这个样子"在认识论上的意义, 只是认识的第一步, 人还希望理解是否有什么使世界成为这个样子, 世界是何以"使然"。墨家明确地把使然分为两种: 谓与故。结合他们的概念体系, "谓"与"名"相对, 是指对概念的定义——逻辑法则, 而"故, 所得而后成也", 指使万事万物得以如此的条件——自然法则。自然法则决定世界和我们, 而逻辑法则只是决定我们如何给已经如此的世界一个"名谓", 一种符合规则的表达。当1、2、3、4, +、−、= 等符号都有严格的定义之后, 1+1=2、1+2=3、1+3=4 就成了一种必然, 这就是逻辑规则使然; 而自然界中一对雌雄亲体结合能繁育多少后代, 是受了众多自然条件的影响, 遵守的是复杂的自然法则, 没办法从单纯的逻辑规则推导出来。

所以, 任何希望从自然中发现一点可靠知识的探险者, 可以借鉴抽象的逻辑思考, 但是没法只依赖逻辑推演来完成所有的工作。逻辑学家可以用任意规定的集合给万物分类, 科学家只能用自己学科内精心选择的合适标准来给研究对象分类, 才能有事半功倍的效果。分类要根据事物是否有某些共同性质, 发生某些共同变化, 遵守某些共同的规律来进行。研究"同"和"异"既是归纳的基本方法, 也可以说是科学最后的目的。如何科学而有系统地对所搜集的材料进行归纳以发现规律，培根在《新工具》中提出他的"三表法"：

a. 具有表，又名本质和具有表

b. 差异表，又名接近中的缺乏表

c. 程度表，又名比较表

十九世纪英国逻辑学家穆勒后来对这种方法进一步细化和完善，提出了著名的"穆勒五法"：

a. 求同法

b. 求异法

c. 同异并用法

d. 剩余法

e. 共变法

印度因明在从古老的五支论式向新式的三支论式发展中，为了说明论证的前提如何能够成立，后期佛教因明大师世亲等总结出了"因三相"说：

第一相：遍是宗法性

第二相：同品定有性

第三相：异品遍无性

如果把《墨经》中散落的关于同异比较的方法集中起来：

39 同、异而俱于之一也。

89 同、异交得放有无。

94 法同则观其同，巧转则求其故。

95 法异则观其宜。

不用太多严格的考证，世亲、培根、穆勒和墨家关于归纳基本的原则和方法英雄所见略同是显而易见的。古今中外思想家总结的归纳基本原则和方法如此简洁明了，但是在实际应用中却困难重重，人类迄今为止能发现具有基本必然性的真理寥寥无几，这只能说明自然本身实在太复杂了。在归纳中常常可见同因不同果，同果不同因，常常让人陷入轻信和诡辩两个都有归纳基础的极端。这也表示传统那种简单的因果思维必须抛弃，墨家认识论的基本原则必须再次被强调：

1 故，所得而后成也——条件，使（事物、变化）得以发生者。

二、逻辑和自然和谐的知识论

逻辑的本质就是一套有严格规则的概念或者符号系统。符号可以完全抽象，只按照逻辑定义和规则运行，比如现代各种公理化的数学系统。这样的系统谈不上和自然和谐或冲突，它们本来就是一种独立自足的系统。一般概念则来源于人自然的语言，并按照某些从自然中产生的语法规则运行，同时又充当一种人描述自然的名谓系统。和纯粹抽象的符号系统不同，描述自然的系统需要同时受到自然法则和逻辑规则的约束，才能保证这种系统基本的正常运作。这种双面的约束，最根本的体现在于概念的定义必须有自然的基础。墨家分定义的方式为三类："移、举、加"，而所谓移和加，指在原初定义上的移和加，都来源于"举"。举，表示对所经验到之对象的提示或者模拟，这也是定义最本源的形式——指物定义——自然的延伸。可以看出，墨家认为任何概念的定义都应该最终归结为对某种认识对象的描摹和指示。"达、类、私"分别对应通名、类名和专名，人类的认识其实是从认识现实的个体，从定义专名起步。认识到某些个体具有一些共同的性质，可以区分为某一类则是一种认识的进步，是人所有抽象思维的开始。

世界已经如此，而且唯一如此，这是一个先决条件，也是我们逻辑规则中最基本的同一律之来源，而我们认识世界和表达这种认识，则决定于人不同的能力和进步阶段，可以制造五花八门的花样，当然也可能产生矛盾和冲突。但是，自然不制造悖论，制造悖论的是人的认识，这应该是一条基本的原则。"人是万物的尺度"，这句话实在应该反过来讲，自然才是人或者人之认识的唯一标准。

认识到这种原则的墨家，认为言辞或思考上的争辩是可以明辨是非的，前提条件是概念或言辞必须有事实上的"意义"，论题的设置要符合一些基本的逻辑规则，以避免产生诡辩和悖论：

74 彼，不可两不可也——论题，不可皆假的对立判断。

75 辩，争彼也。辩胜，当也——辩论，对论题的争论。辩论获胜，是因为立论适当。

论题必须是"不可两不可"的对立命题，这保证论辩双方必有一方会因为真而获胜；而在对论题的争辩中，双方又必须有对立的立场，《经说上75》解释说"是不俱当。不俱当，必或不当"，这保证必有一方因为观点"不当"而为假。同一律、排中律、矛盾律，一直以来被视为三条最基本的逻辑规则，如果在辩论和推理中这些规则被严格地遵守，是不会产生任何悖论或者二律悖反的。历史上所有悖论的产生，必然是有什么地方违背了这些基本的准则，比如某些概念没有严格的定义，或者被偷换了概念，或者如逻辑上严格地分析所揭示的，有些概念的定义其实是纯语句上的，是没有实际意义的形而上学空话。这种空话逃避了现实世界的检验，当然可以怎么说都有理。比如康德著名的四个二律悖反的论证，分别是关于时间和空间、基本粒子、自由意志与必然存在的，而这四者中后三个很难依靠墨家严格的规则有一个切实的定义。而第一个概念"时间与空间"，在康德的时代还不能把欧几里得的和今天物理学家认识的时间与空间清楚区分开，这导致了互相反对的结论。

二律悖反只能表明某些概念没有清晰的自然哲学上的意义，但不表示这些概念对人来说是毫无意义的，正如康德所认为,它们仍然是宗教、道德或者形而上学上重要的概念。如果把人类的知识扩大到更广泛的领域,而不是仅仅局限于对自然的描述和认识,可以有一种更有包容性的、统一的知识论。《经上》最后部分就有这样一种知识论:

81 知, 闻、说、亲, 名、实、合、为——知识, 按来源分听闻之知、推理之知、经验之知, 按类别分形名之知、实在之知、名实相合之知、行为实践之知。

墨家用两种不同的标准给知识分类,一种标准是知识的来源,分听闻的知识、推理的知识、亲身经验的知识。听闻的知识无非来自他人的经验和推理,所以人类知识的根本来源只有经验和推理。对于经验中最通常的闻、见,墨家都有进一步的分析:

82 闻, 传、亲——听闻, 分传闻、亲闻。

83 见, 体、尽——目见, 分见部分、见全体。

闻知可能是无稽之谈,眼见也可能是一偏之见,墨家不轻易肯定经验知识的必然性,这种态度非常明显。《经下11》"疑,说在逢、循、遇、过",列举了使知识可疑的几种常见原因: 偶然、因循、愚钝和错误。但是,人类能不能有确然的知识呢,还是说如休谟所言所有知识都只是或然的? 这个问题的解决其实依赖于知识到底是什么,或者说知识是否只局限于经验知识。

墨家用另外一种标准把知识分为名、实、合、为,分别表示形名之知、实在之知、名实相合之知、行为实践之知。所谓形名之知，是关于纯粹形式和符号系统的知识，其代表当然是逻辑和数学，这样的知识在它们自身的规则系统内都是必然的知识。以此相对，墨家所谓"实"，指的是名称所对应的实在。我们可以把某物名为椅子，把某物命曰鱼，我们可以用各种名称和概念来描述自己对"物"的认识，但是我们体验不到一条鱼的真实感受，更无法想象一把椅子是否有自己独特的体验。这类唯有自体才具有的体验是一种纯粹的实知，比如人眼被色彩刺激时的不同感觉，来自内心莫名的悲伤或者喜悦，还有某些神秘的宗教体验。这样的知识对于经验者当然是确然无疑，但是它无法通过逻辑推理获得，甚至不能通过清晰的语言或者符号系统来表达和传递，能触及它的只有心理上的共情，或者某种纯粹的悟性和想象，比如《庄子·秋水》记载的庄子和惠施这段著名的机锋：

> 庄子与惠子游于濠梁之上。庄子曰："鯈鱼出游从容，是鱼之乐也？"惠子曰："子非鱼，安知鱼之乐？"庄子曰："子非我，安知我不知鱼之乐？"惠子曰："我非子，固不知子矣；子固非鱼也，子之不知鱼之乐，全矣。"庄子曰："请循其本。子曰'汝安知鱼乐'云者，既已知吾知之而问我。我知之濠上也。"

很多此种对经验者无比实在的知识，对旁人来说不能确知，也不能用任何肯定的形式表达出来，包括某些常常被人传说的超凡体验。据说是基督教神秘主义者的伪狄奥尼修斯也有过这种体会：

> 万事万物的原因既不是灵魂，也不是理智；它没有想象，没有意见，没有理性或智力；它也不是理性或智力；它不能说出，也不能思想。它不是数，不是序，不是大，也不是小，不是平等，不是不等，不是相似，不是不似。它不立，不动，不息……它不是本质，不是永恒，不是时间。甚至理智的接触也不为它所有。它不是科学，也不是真理。它甚至不是王德（royalty）或智慧；它不是一，不是统一；不是神圣或善良；根本不是我们所认识的精神，诸如此类，可以任其说下去。（《宗教经验种种》）

但是，人仍然试图用其他创造性的方式来表达和传递自己独特的感受，或者对此类"实在"的某种领悟，这样的表达可以是艺术、宗教，也可以是依赖于人类纯粹理性的各种形而上学。

有些体验完全不能言传，有些经验或者对象却可以用一些转化或标识的方法定义甚至度量，然后使人可以用严格规定的符号系统来描述。由于这种符号系统与实在之间有确定的联系和转化规则，使按照这种符号系统推理演绎得到的新知识也能够接受现实的检验，验证其符合程度。这种能够成功预言我们未曾经验到过的现实，指导我们实践的知识，就是墨家所谓的合知，他们这样定义"合"：

84 合，正、宜、必——符合，分与规定或标准相合、与意愿相合、与自然法则必然相合。

能够严格做到这三种相合的只有现代意义上的科学。科学知识体现名实相合的最佳范例就是物理学上众多精确描述世界的基本方程，比如爱因斯坦著名的重力场方程。关于这组方程的推导有个有趣的背景，爱因斯坦很早已经领会了方程所代表的物理含义，但是苦于无法利用合适的数学工具把它精确地表达出来，不得不向著名的数学家希尔伯特求助。理解了爱因斯坦所介绍的广义相对论的意义，希尔伯特很快几乎和爱因斯坦同时推导出了方程。对于数学家来说，相对论研究的是对时空的新认识，而这种物理的时空与非欧的黎曼几何相合，却与传统欧氏几何并不相合，这意味着需要选择合适的数学工具来完成工作。虽然毋庸置疑，但这两种几何都是一种真正的、同样正确的"名"知。

知识的最后一类是"为"，这是墨家经常提到的一个概念。"为"对于万事万物来说，意味着一种存在的方式，可以细致地区分：

86 为，存、亡、易、荡、治、化——行为，分存在、灭亡、变易、衰落、发展、演化。

世界万物作为个体来说都有一个从生到灭、从有到无的存在过程，这是一种通常的认识。但是具体到人，人的存在，人之行为，在墨家的认识中有特殊的含义。"行，为也"，人的所有德性都通过人的行为表现出来，"为"是人的实践，也是人的志行、人的操守、人的价值。参照康德的观念，所谓"为"知就是一种道德上的实践理性。康德的这种看法很可能来自深刻影响他的经验主义鼻祖洛克，洛克在《人类理解论》最后部分也非常巧合地提出了一种他对知识或者科学的分类。第一类是物理学或自然哲学，第二类是实践学或伦理学，第三类是标记学或逻辑学。显然，这三类知识可以分别对应墨家的合知、为知、名知。而关于实知，纯粹经验的知识，洛克高举经验主义的大旗，认为经验是人类一切认识和科学的基础与来源，是一种未曾加工过的原始材料，反倒不把它看成知识的一种。

附录一

《经上》古今义理对照 [①]

认识论部分：

1 故，所得而后成也——条件，使（事物、变化）得以发生者。

2 体，分于兼也——部分，从整体中区分出来者。

3 知，材也——感觉，构成知识之材料。

4 虑，求也——思考，对知识的主动探求。

5 知，接也——感知，感官和认识对象相交接。

6 智，明也——理智，清楚明白的认知。

伦理学部分：

7 仁，体爱也——仁，兼爱之一部分。

8 义，利也——义，有关利益的行为。

9 礼，敬也——礼，表达敬意的行为。

10 行，为也——德性，行为中所表现者。

11 实，荣也——实质，外在所表现者。

12 忠，以为利而强低也——忠，为某人利益抵触他的行为。

13 孝，利亲也——孝，有利父母的行为。

---

① 《经上》原文部分据国家图书馆出版社 2018 年整理出版的《中华传统文化百部经典·墨子》。

14 信，言合于意也——信，所言符合所思。

15 佢，自作也——多偶，缺乏自信顺从流俗。

16 狷，作啸也——狷介，追随内心特立独行。

17 嫌，作非也——廉耻，对自己的所为不认可。

18 令，不为所作也——令德，所为不使自己惭愧。

19 任，士损己而益所为也——责任，损失自己的利益也要完成某事。

20 勇，志之所以敢也——勇气，敢于完成某事的意志。

心理、社会、语言、政治部分：

21 力，刑之所以奋也——力，使人形体张紧者。

22 生，刑与知处也——生命，形和知的共同作用。

23 卧，知无知也——睡眠，意识暂时停止活动。

24 梦，卧而以为然也——梦，睡眠时自以为处于某种状态。

25 平，知无欲恶也——平和，没有欲求或者嫌恶的意识。

26 利，所得而喜也——利，得到之后使人喜悦者。

27 害，所得而恶也——害，得到之后使人嫌恶者。

28 治，求得也——治理，追求事物达到某种状态。

29 誉，明美也——赞誉，指明某种言行之美好。

30 诽，明恶也——批评，指明某种言行之丑恶。

31 举，拟实也——观念，模拟某种实在。

32 言，出举也——语言，对观念的表达。

33 且，言然也——判断，断言某种状态。

34 君，臣、萌通约也——君主，臣民共同的约定。

35 功，利民也——功劳，有利于人民的行为。

36 赏，上报下之功也——赏赐，上级给下级功劳的回报。

37 罪，犯禁也——罪行，违反禁令的行为。

38 罚,上报下之罪也——惩罚,上级对下级罪行的回报。

物理学部分:

39 同、异而俱于之一也——同和异都应当在一个整体中考察。
（此条或许不是定义,为88、89条之间论述,因传抄训诂错
误被误置于此。）

40 久,弥异时也——宙,不同时间之全体。

41 宇,弥异所也——宇,不同空间之全体。

42 穷,或有前不容尺也——有穷,某区域有不能再扩容一线之
处。

43 尽,莫不然也——全部,没有什么不如此。

44 始,当时也——开始,开启某段时间长度的那一时间。

45 化,征易也——变化,有特征可以识别的改变。

46 损,偏去也——减损,全体中被去掉一部分。

47 益,大也——增益,比原来大。

48 儇,俱柢——考据不明。（或是某种如车轮滚地的旋转运动,
或者是相切的定义,则原书中不应在此处。）

49 库,易也——考据不明。（或是定义某种绝对空间和物体的关
系。）

50 动,或徙也——运动,物体改变位置。

51 止,以久也——静止,物体在某段时间内位置不变。

52 必,不已也——必然,不改变某种状态。

数学几何部分:

53 平,同高也——等高,高度相同。

54 同长,以正相尽也——等长,与某种标准长度都相合。

55 中,同长也——居中,到某些对象距离相同。

56 厚,有所大也——体积,有空间上的大小。

57 日中, 正南也——正午, 直立木表在影正南方的时刻。

58 直, 参也——直立, 木表和吊垂线相合, 则与地面垂直。

59 圜, 一中同长也——圆, 与一个中心距离都相等的图形。

60 方, 柱隅四讙也——方形, 四个角都是直角的图形。

61 倍, 为二也——翻倍, 两个原来的量。

62 端, 体之无序而最前者也——端部, 居前而不同于其他部分者。

63 有间, 中也——离散, 两物之中有它者。

64 间, 不及旁也——间隔, 分开其旁两物者。

65 纑, 间虚也——纑, 有虚空间隔的某种结构。

66 盈, 莫不有也——盈满, 占有某空间所有部分的状态。

67 坚白, 不相外也——坚白, 不能分离的两种性质。(特殊论题, 不是定义。亦有学者考订为 "坚, 相外也", 则此 "坚" 可释为 "广延"。)

68 撄, 相得也——重合, 两者有相连接处。

69 仳, 有以相撄, 有不相撄也——仳连, 部分重合部分不重合的结构。

70 次, 无间而不相撄也——连续, 没有间隙又不重合的结构。

逻辑、辩论、知识论、方法论部分:

71 法, 所若而然也——原型, 它物所模仿者。

72 佴, 所然也——副本, 模仿它物者。

73 说, 所以明也——论证, 使命题清楚明白。

74 彼, 不可两不可也——论题, 不可皆假的对立判断。

75 辩, 争彼也。辩胜, 当也——辩论, 对论题的争论。辩论获胜, 是因为立论适当。

76 为, 穷知而县于欲也——行为, 穷尽理性满足欲望的驱使。(或为考据误置此处, 原在 26、27 之间。)

77 已, 成、亡——已然, 完成、消亡皆可为已然。

78 使, 谓、故——使然, 分逻辑规则使然、自然条件使然两种。

79 名, 达、类、私——名称, 分通名、类名和专名三种。

80 谓, 移、举、加——定义, 有借用其他名称、指示或模拟实物、在其他名称上添加限定等三种方法。

81 知, 闻、说、亲, 名、实、合、为——知识, 按来源分听闻之知、推理之知、经验之知, 按类别分形名之知、实在之知、名实相合之知、行为实践之知。

82 闻, 传、亲——听闻, 分传闻、亲闻。

83 见, 体、尽——目见, 分见部分、见全体。

84 合, 正、宜、必——符合, 分与规定或标准相合、与意愿相合、与自然法则必然相合。

85 权, 欲正权利, 且恶正权害——权衡, 欲求相同则权衡利益, 并且嫌恶相同则权衡危害。(或为考据误置此处。)

86 为, 存、亡、易、荡、治、化——行为, 分存在、灭亡、变易、衰落、发展、演化。

87 同, 重、体、合、类——同, 分同是一物、同属一体、同合一处、同归一类。

88 异, 二、不体、不合、不类——异, 分不同之物、不同之体、不同之处、不同之类。

89 同、异交得放有、无——同和异对立一体, 好比有、无只是同一性质的相反说法。

90 闻, 耳之聪也——听, 耳的独特功能。

91 言, 口之利也——说, 口的特别能力。

92 诺, 不一利用。(此后几条在原文最末, 论述辩者专门技巧,传抄错乱最多, 不再详述。)

93 服, 执說、音利。

94 法同则观其同, 巧转则求其故。

95 法异则观其宜。

96 止, 因以别道。

97 正, 无非——标准, 规定为绝对正确者。(或为考据误置此处。)

附录二

《经下》命题选证 [1]

1 止，类以行之，说在同。

2 推类之难，说在之大小。

3 物尽同名，说在二与斗、子与爱、食与招、白与视、丽与暴、非夫与屦。

4 一偏弃之，谓而固是也，说在因。

5 不可偏去而二，说在见与俱、一与二、广与修。

6 不能而不害，说在害。

命题：不能得到的物或完成的事，未必都是害。

证明：据《经上 27》"害，所得而恶也"，害是得到之后使人嫌恶者。

有些事物得到或失去，能或者不能，都不会引起喜悦或厌恶。比如力举千钧者不能针纫，猜中奇偶者未必多智，不必以得失萦怀。譬如耳目自有不同功能，不必以高下相较。

故有不能而不恶，不恶则不害。

故不能而不害，命题得证。

---

① 《经下》原文部分据国家图书馆出版社 2018 年整理出版的《中华传统文化百部经典·墨子》，共 82 条。选证部分命题，略示墨家哲学精神及其论说方式一种可能之发展。

7 异类不吡，说在量。

命题: 不同种类的性质不能相互比较。

证明: 根据事物的不同性质，我们有不同的度量方法，这些度量
方法在认识上应有严格的规定区分，在人类的自然语言中却
容易被模糊混淆。比如空间与时间之"长"不同，智力与粮食之
"多"不同，爵位、亲情、德行、价格之"贵"不同，身高与高度
之"高"不同。

类似这些不同种类之性质不能相互比较。

故异类不吡，命题得证。

8 偏去莫加少，说在故。

9 假必悖，说在不然。

命题: 假命题必然导致矛盾。

证明: 根据《经上 31》"举，拟实也"，举示是以模拟的方式表示
某实在；和《经上 32》"言，出举也"，语言是用口之发声做出
的举示。

可以推出由语言构成的命题是对现实的一个陈述，真命题即
是与现实相符的陈述。若有一个与现实不相符的假命题，则必
然和真命题的陈述或其推论不一致，也就是必然导致矛盾。

故假必悖，命题得证。（经验命题可证伪。）

10 物之所以然，与所以知之，与所以使人知之，不必同，说在病。

命题: 某事物如何这样，如何认识到该事物这样，与如何使别人
认识到该事物这样，可以有不同的方式。

证明: 比如某人受伤，其人亲受某伤、有人看见其受伤、又有人听闻
其受伤，同一知识，即同一对事实的描述，产生方式可以不同。

故物之所以然，与所以知之，与所以使人知之，不必同，命题得证。

11 疑，说在逢、循、遇、过。

命题： 对知识保持怀疑合理。

证明： 由上题对知识来源的论证，则任何知识的产生都可能是偶然、因循、愚钝、过误的结果，有理由保持怀疑。

故疑，命题得证。（经验知识的或然性。）

12 合，与一或复否，说在矩。

13 欧物一体也，说在俱一、唯是。

命题： 可被区分之事物本为一体。

证明： 所有被看作独立或部分之事物，都是根据某种唯是，即差异性从某个整体中被区分出来的，若从俱一，即同一性的角度，它们仍然是一个整体。据《经上87、88》关于同、异的不同类别，以及《经上39》同异而俱于之一的原则，所有部分仍可能以某种方式被看作一个整体。

即欧物一体也，命题得证。（集合概念的萌芽。）

14 宇，或徙，说在长宇久。

命题： 空间观念相关于事物位置变化。

证明： 根据《经上50》"动，或徙也"，运动是物体改变位置。正是在众多事物的位置变化中，人才认识到运动、空间以及时间。空间、时间、运动具有某种特定关系。

即宇，或徙，命题得证。（关于时空、运动的思考。）

15 不坚白, 说在无久与宇。

命题: 坚和白不是独立的存在。

证明: 我们时常能够感觉到各种硬度和颜色, 但是我们从来没有
在任何时间和地点真实地发现过独立的坚或者白之类存在,
它们总是依附于某些实物, 而不会在时空中单独存在。

故不坚白, 命题得证。

16 坚白, 说在因。

命题: 坚和白都是某种实在。

证明: 我们时常感觉到的事物的坚或者白都遵循某些确实的规
律, 这些规律能被普通人正常地认识甚至利用, 并不是变化莫
测的虚构或者幻象之类。所以坚和白都是某种实在。

故坚白, 命题得证。

17 在诸其所然未然者, 说在于是推之。

命题: 推断在于根据已知其然推出未知将然。

证明: 对尚未发生或者未知之事, 只能根据已知或者确定的前提
来做出推断。错误或者不确定的前提无法保证推论的可靠
性, 毫无根据的空想则导致更多错误的可能性。

故在诸其所然未然者, 命题得证。(对于推理和求知的初步认识。)

18 景不徙, 说在改为。

命题: 物体之影不能改变位置。

证明: 影只是物体挡住光线形成的图像。物体移动, 会在不同位
置不断形成新的影像, 而不是原来的影像移动到新位置。影
徙只是一种视觉效应。

故影不徙，命题得证。（先秦论题"飞鸟之景未尝动也"。）

19 景二，说在重。

20 景到，在午有端，与景长，说在端。

21 景迎日，说在转。

22 景之小大，说在柂正远近。

23 临鉴而立，景到，多而若少，说在寡区。

24 鉴洼，景一小而易，一大而正，说在中之外内。

25 鉴团，景一小一大，而必正，说在得。（以上7条讨论光学。）

26 负而不挠，说在胜。

27 挈与收仮，说在薄。

28 倚者不可正，说在梯。

29 堆之必柱，说在废材。（以上4条讨论力学。）

30 买无贵，说在仮其贾。

31 贾宜则售，说在尽。（以上2条讨论经济学。）

32 无说而惧，说在弗必。

命题: 不确定的事情可以根据概率做出判断。

证明: 有些事情我们无法推断确定结果，但是可以推断某种不同
的发生概率而决定我们的行动。比如有子在军，其母不惧，其
死之概率小；闻子战则其母惧，其死概率大也。

故无说而惧，命题得证。（关于概率的思考。）

33 或，过名也，说在实。

34 知知之否之足用也悖，说在无以也。

命题: 智慧不只在于知道是或否。

证明: 根据《经上10》，知道某事物是否有某状态可以有多种方

式, 不一定是真正清楚明白的智慧, 更不足以从事关于事物知识的更深入研究和讨论, 无法获得更多的知识。

故知知之否之足用也悖, 命题得证。

35 谓辩无胜, 必不当, 说在辩。

命题: 辩论可以有胜者。

证明: 根据《经上74》"彼, 不可两不可也", 论题是不可皆假的对立判断。和《经上75》"辩, 争彼也, 辩胜, 当也", 辩论是对论题的争论。辩论可以有胜者, 只要论题和立场不两不可, 不俱当。不可皆假的判断必有一真, 不俱当的两判断必有一假, 符合这种规则的辩论必有胜利者。

故谓辩无胜, 必不当, 命题得证。(关于排中律和矛盾律的思考。)

36 无不让也, 不可, 说在殆。

37 于一, 有知焉, 有不知焉, 说在存。

命题: 人对事物的知识不完全。

证明: 任一现实存在的事物性质都有很多不同方面, 通过不同的方式表现出来。人知其一未必知其二, 知其一未必能推知其二, 比如石, 其是否白与是否坚, 并无固定联系, 或知或不知是常见现象。

故于一, 有知焉, 有不知焉, 命题得证。(经验知识不完备。)

38 有指于二, 而不可逃, 说在以二参。

命题: 人可以获得关于事物某些确定的知识。

证明: 对于事物的某些知识, 可以用两种以上的方式指示或者认识, 以互相参验, 排除误解或者错误的可能, 以得到确定的知识。

故有指于二, 而不可逃, 命题得证。(经验知识的可确证性。)

39 所知而弗能指, 说在春也、逃臣、狗犬、遗者。

命题: 有些知识不能直接指示表达。

证明: 不是所有知识都是对在场事物的认知, 当然不能通过指示表达, 比如死亡、逃走的奴仆、抽象的类名、遗失的物品等。

故所知而弗能指, 命题得证。(抽象或者推理的知识需要特别的表达和认识方式。)

40 知狗而自谓不知犬, 过也, 说在重。

命题: 知狗即是知犬。

证明: 根据《经上 87》"同, 重、体、合、类" 的分类, 若狗和犬是重同, 即同一事物的不同名称, 关于狗的知识即是关于犬的知识, 知狗即是知犬。

故知狗而自谓不知犬, 过也, 命题得证。

41 通意后对, 说在不知其谁谓也。

命题: 确定概念是认识的基础。

证明: 讨论中如果不了解彼此言语的意义, 对概念的准确定义存在不同的理解, 就不可能有效地对答或者讨论, 因为根本不了解彼此在表达什么。

故通意后对, 命题得证。(以上两条关于同一律之思考。)

42 所存与存者, 於存与执存, 驷异, 说在主。

43 五行毋常胜, 说在宜。

命题: 五行之间并无固定相生相克关系。

证明：金木水火土之间是否相生相克，和其力量对比有关，并非绝对。大量的火可以熔化少量金属，大量金属也可以压灭少量的火。

故五行毋常胜，命题得证。（对五行说的思考。）

44 无欲恶之为益损也，说在宜。

命题：不必仅仅由好恶决定利害之损益。

证明：个人的欲望好恶影响人的行为，也影响人对利害损益的认知。但是并非所好必穷奢极欲，所恶必除之而后快，也与是否适度有关。人欲粟，暴食则有害；人欲酒，滥饮则伤身。

故无欲恶之为益损也，命题得证。

45 损而不害，说在余。

命题：减损未必都是害。

证明：有些情况下减损未必造成伤害，或者反而有利。比如因为饮食过度而脾胃受损，减食反而对身体有益。

故有损而不害，命题得证。

46 知而不以五路，说在久。

命题：不是所有知识都来源于五官的感觉。

证明：据《经上40》"久，弥异时也"，久或宙，是指包含所有部分时间的全体时间。人可以有时间的观念和对时间无穷的想象或认知，但眼、耳、鼻、舌、身等五种感觉器官都不能直接感知时间，更不可能感觉到无穷时间。

所以时间不是直接来源于五种感观的知识。

故知而不以五路，命题得证。（对知识来源的思考。）

47 火热，说在顿。

命题：火热。

证明：火使人觉得热，这热来自火中的某种屯集，并非仅凭人自身的感觉变化可使人热。

故火热，命题得证。（对先秦论题"火不热"和所有唯心论的反驳。）

48 知其所知、不知，说在以名、取。

命题：真正的知识是概念和实证的结合。

证明：确定的知道，或者不知，不仅在于概念上合理的表述，还在于实践中正确的取舍，也就是理论需要和实践结合，才能检验真知。饱读尔雅之书而五谷不分，不可谓为知。

故知其所知、不知，以名、取，命题得证。（对知识论的思考。）

49 无不必待有，说在所谓。

命题：无不必派生于有。

证明：从认识过程来说，所谓"无"，是在人认识"有"之后的一种否定，一种从属于"有"的派生观念。但是通过对这观念的思考，人会发现有些"无"并不依赖"有"，是绝对的"无"，比如形而上学家所说天地未生之前的"无"，或者逻辑学家所说无圆的方之"无"。

故无不必待有，命题得证。

50 擢虑不疑，说在有无。

命题：抽象的知识具有必然性。

证明：抽象的知识正确与否，依靠抽象的过程，也就是思维规律的原则来检查。抽象以及推理的过程符合规则，即符合逻辑的时候,必然正确。

故擢虑不疑,命题得证。(关于逻辑与知识必然性的思考,与《经上 11》参看。)

51 且然不可已,而不害用工,说在宜。

命题:面对必然不可改变的趋势并不意味放弃努力。

证明:世间存在必然,但此种必然意味着事物演变遵循某种确定的规律,而不是命定事物必定如何而不可改变。人之努力和作为也正是影响事物必然趋势和变化之条件的一部分,不能缺失。人必须合理认识这种决定事物趋势和变化的规律。

故且然不可已,而不害用工,命题得证。

52 均之绝,不,说在所均。

命题:材料的强度决定于其内部的均匀结构。

证明:有某种材料,譬如头发丝,如果内部结构绝对均匀,它将具有无穷强度,永远不会被拉断。因为它没有一个与其他点不同的可断点。

故均之绝、不,在所均,命题得证。(先秦论题"发引千钧,势至等也",一个纯粹来自逻辑推理的物理学猜想。)

53 尧之义也,声于今而处于古,而异时,说在所义二。

54 狗,犬也,而杀狗非杀犬也,可,说在重。

55 使殿义,说在使。

56 荆之大,其沈浅也,说在具。

57 以楹为抟,于以为无知也,说在意。

58 意未可知,说在可用、过仵。

命题: 猜测不是确实的知识。

证明: 猜测只是对现实的随意判断, 该判断或许真, 或许假, 或许有用, 或许矛盾, 在未予以验证之前不能作为行动或者进一步讨论的可靠基础。

故意未可知, 命题得证。

59 一少于二而多于五, 说在建位。(关于数和位的思考。)

60 非半弗斫则不动, 说在端。(先秦论题 "一尺之捶, 日取其半, 万世不竭", 关于极限、无穷和世界是否连续的思考。)

61 可无也, 有之而不可去, 说在尝然。

62 正而不可擔, 说在抟。(关于球体、相切、垂直的观察和思考。)

63 宇进无近, 说在敷。

命题: 不能相对空间谈远近。

证明: 根据《经上41》"宇, 弥异所也", 宇是所有部分空间之全体, 是理论上无穷无尽的均匀的 "铺陈"。任何物体在纯粹空间中运动, 无法单独产生所谓远近的观念, 也不能仅相对空间谈远近。

故宇进无近, 命题得证。(对绝对空间、运动、参照系的思考。)

64 行修以久, 说在先后。

命题: 运动对应于时间长度。

证明: 根据《经上50》"动, 或徙也", 运动就是物体改变位置。若考虑简单的直线运动, 当物体在一长度方向上有一段位置变化, 即发生运动时, 也必经过一段时间, 即先在某一点, 后在某一点。运动是空间的变化, 也对应时间的变化。

故行修以久，命题得证。（对先秦论题"镞矢之疾，而有不行、不止之时"和古希腊芝诺悖论的回答。）

65 一法者之相与也尽类，若方之相合也，说在方。

命题：相符于同一原型者互相类似。

证明：根据《经上71》"法，所若而然也"，法就是原型、规则，是他物所模仿或依赖成立者。若两物都符合或依赖同一法，则必然有某种相似之处，可按某些原则归为同一类。比如四个角都为直角的平面图形是长方形，所有符合这规则的图形因为四个角都有这种特性而显得很类似，都可以归入长方形同一类。

故一法者之相与也尽类，命题得证。（和柏拉图理念论不同的思考。）

66 狂举不可以知异，说在有不可。

命题：胡乱地列举归纳不足以发现同异规律。

证明：任意两物皆有不同点，又皆有相似处。比如牛马都有齿、有尾，其齿、尾形态又不同，牛又有角而马无角，是更明显的不同。若随意选择标准来区别归纳各物，只会造成混乱，无助于发现同异规律。

故狂举不可以知异，命题得证。（对科学的归纳方法的思考。）

67 牛马之非牛，与可之同，说在兼。

命题：牛马中有不是牛者，也有是牛者。

证明：若把牛和马作为一个大的整体，牛则是从此整体中分出之一部分。则属于牛马之"元素"有属于牛者，有不属于牛者。

故牛马之非牛，与可之同，命题得证。（用集合处理逻辑的尝试。）

68 彼此彼此与彼此同，说在异。

69 唱和同患，说在功。

70 闻所不知若所知，则两知之，说在告。

71 以言为尽悖，悖，说在其言。

命题: 说"所有命题都假"必然导致矛盾。

证明: 如果"所有命题都假"为真，而"所有命题都假"其本身就是一个命题，它也必然为假，这导致矛盾。

故以言为尽悖，悖，命题得证。（说谎者悖论。）

72 唯吾谓，非名也则不可，说在仮。

命题: 表达唯有自己具有的观念不能成为有效的语言。

证明: 根据《经上80》"谓，移、举、加"，谓就是对"名"的定义，是利用直接指示、附加、借用已有的经验或观念表示某种新观念，以便捷有效地交流思想。如果某些经验观念唯有说话人自己具有，则对这些观念的称谓和言论必然是其他人无法理解的，在语言交流中也得不到其他人正确的反应。

故唯吾谓，非名也则不可，命题得证。（对语言、经验和观念的思考。）

73 无穷不害兼，说在盈否。

命题: 对无穷之对象也可以思考全体。

证明: 有无穷多的某物，数之不竭，但是不妨碍我们在思考中用某些方式对其全体进行处理。比如把无穷多物一一对应放入某无穷多的分隔区域，来比较和确定其数量。

故无穷不害兼，命题得证。（无穷的希尔伯特酒店。）

74 不知其数而知其尽也，说在问者。

命题： 不点数也可确认是否穷尽。

证明： 根据《经上73》，可使用这样一种方法确定事物之数目，只需确认所有被占据分隔区域之数目，则可知区域中事物之数目。无穷之分隔区域全满，则事物之数目也无穷。

故不知其数而知其尽也， 命题得证。（康托尔的点数方法。）

75 不知其所处，不害爱之，说在丧子者。

76 仁义之为内外也病，说在仵颜。

命题： 仁义的区别不是内与外的区别。

证明： 根据《经上7》"仁，体爱也"，仁是兼爱之一种，和《经上8》"义，利也"，义是有关利益的行为。仁和义的区分只是涉及不同的行为方式，不存在不同施受方向的区别，也不只是内在心理和外在表现的区别。

故仁义之为内外也病， 命题得证。（用严格的分析反对"仁内义外"之类的狂举。）

77 学之益也，说在诽者。

命题： 学习有益。

证明： 如果反对学习有益，这种反对本身也是希望别人接受，希望别人学习的一种"知识"，这种行动本身已证明学习有益。

故学之益也， 命题得证。

78 诽之可否，不以众寡，说在可非。

命题： 反对是否成立不在于言论的多寡。

证明： 根据《经上9、35、50》，任何论断可否成立，都应该有其道

理, 反对是否成立在于被反对的命题是否有不合理之处, 而
不在于论说数量上的多寡。

故诽之可否, 不以众寡, 命题得证。

---

79 非诽者悖, 说在弗非。

命题: 反对"批评"导致矛盾。

证明: 对"批评"的反对本身也是一种批评, 其本身已证明批评
有其合理价值。

故非诽者悖, 命题得证。

---

80 物甚、不甚, 说在若是。

命题: 事物的"绝对"状态是任何事物趋向的极限, 不是任何事
物的实例。

证明: 任何度量和类比, 可以无限接近和相似, 但永远不能绝对
相同。任何事物的标准也如此。

故物甚、不甚, 命题得证。(关于标准、极限的思考。)

---

81 取下以求上也, 说在泽。

82 不是与是同, 说在不州。

命题: 有些"不是"与"是"没有区别。

证明: "不是"和"是"只是对更基本判断的肯定或否定, 如果这
基本判断是不周延的, 这种情况下肯定或否定这判断, 意义
不变。比如判断"有些人是哲人"和"有些人不是哲人"没有区
别。

故不是与是同, 命题得证。

参考书目

(以书中引用顺序排序)

[1] 墨子 [M]. 姜宝昌, 解读. 北京: 国家图书馆出版社, 2018.

[2] 孙诒让. 墨子闲诂 [M]. 北京: 中华书局, 2001.

[3] 孙中原. 墨学趣谈 [M]. 北京: 商务印书馆, 2017.

[4] 孙中原. 墨子鉴赏辞典 [M]. 上海: 上海辞书出版社, 2012.

[5] 胡适. 中国哲学史大纲 [M]. 上海: 上海古籍出版社, 1997.

[6] 冯友兰. 中国哲学简史 [M]. 北京: 生活·读书·新知三联书店, 2009.

[7] 钱穆. 国学概论 [M]. // 钱宾四先生全集. 台北: 联经出版事业公司, 1998.

[8] 钱穆. 墨子、惠施、公孙龙、庄子纂笺 [M]. // 钱宾四先生全集. 台北: 联经出版事业公司, 1998.

[9] 梁启超. 中国近三百年学术史 [M]. 北京: 东方出版社, 2004.

[10] 梁启超. 老子、孔子、墨子及其学派 [M]. 北京: 北京出版社, 2016.

[11] 钱穆. 先秦诸子系年 [M]. 北京: 商务印书馆, 2015.

[12] 梁启超. 论中国学术思想变迁之大势 [M]. 上海: 上海古籍出版社, 2001.

[13] 钱穆. 宋明理学概述 [M]. // 钱宾四先生全集. 台北: 联经出版事业公司, 1998.

[14] 汤用彤. 魏晋玄学论稿 [M]. 汤一介, 等, 导读. 上海: 上海古籍出版社, 2001.

[15] 伯特兰·罗素. 西方哲学史 [M]. 何兆武, 李约瑟, 马元德, 译. 北京: 商务印书馆, 1981.

[16] 汤用彤. 印度哲学史略 [M]. 上海: 上海古籍出版社, 2006.

[17] 汤用彤. 汤用彤讲西方哲学 [M]. 北京: 崇文书局, 2019.

[18] 李约瑟. 文明的滴定 [M]. 张卜天, 译. 北京: 商务印书馆, 2018.

[19] 梁启超. 王安石评传 [M]. 北京: 中华工商联合出版社, 2018.

[20] 洛克. 论人类的认识 [M]. 胡景钊, 译. 上海: 上海人民出版社, 2017.

[21] 洛克. 人类理解论 [M]. 关文运, 译. 北京: 商务印书馆, 1997.

［22］笛卡尔.第一哲学沉思集［M］.庞景仁,译.北京:商务印书馆,1986.

［23］笛卡尔.谈谈方法［M］.王太庆,译.北京:商务印书馆,2009.

［24］康德.纯粹理性批判［M］.邓晓芒,译.北京:人民出版社,2004.

［25］贝克莱.人类知识原理［M］.张桂权,译.北京:人民出版社,2017.

［26］贝克莱.视觉新论［M］.关文运,译.北京:商务印书馆,2018.

［27］贝克莱.海拉斯与斐洛诺斯对话三篇［M］.关文运,译.北京:商务印书馆,2018.

［28］休谟.人性论［M］.关文运,译.北京:商务印书馆,2010.

［29］霍布斯.利维坦［M］.黎思复,黎廷弼,译.北京:商务印书馆,1986.

［30］伯特兰·罗素.我们关于外间世界的知识［M］.陈启伟,译.上海:上海译文出版社,2018.

［31］维特根斯坦.逻辑哲学论［M］.郭英,译.北京:商务印书馆,1996.

［32］维特根斯坦.充足理由律的四重根［M］.陈晓希,译.北京:商务印书馆,1996.

［33］伯特兰·罗素.心的分析［M］.贾可春,译.北京:商务印书馆,2009.

［34］维特根斯坦.哲学研究［M］.汤潮,范光棣,译.北京:生活·读书·新知三联书店,1992.

［35］叔本华.作为意志和表象的世界［M］.石冲白,译.北京:商务印书馆,2015.

［36］伯特兰·罗素.哲学大纲［M］.黄翔,译.北京:商务印书馆,2014.

［37］A·J·艾耶尔.语言、真理与逻辑［M］.尹大贻,译.上海:上海译文出版社,1981.

［38］柏拉图.柏拉图对话集［M］.王太庆,译.北京:商务印书馆,2004.

［39］威廉·詹姆斯.心理学原理［M］.田平,译.北京:中国城市出版社,2002.

［40］坎农.躯体的智慧［M］.范岳年,魏有仁,译.北京:商务印书馆,1982.

［41］斯宾诺莎.斯宾诺莎文集第1卷·简论上帝、人及其心灵健康知性改进论［M］.顾寿观,贺麟,译.北京:商务印书馆,2014.

［42］马克斯·韦伯.新教伦理与资本主义精神［M］.于晓,陈维钢,等,译.北京:生活·读书·新知三联书店,1987.

［43］薛定谔.生命是什么［M］.罗来欧,罗辽复,译.长沙:湖南科学技术出版社,2003.

［44］罗杰·霍克.改变心理学的四十项研究［M］.白学军,等,译.北京:人民邮电出版社,2010.

[45] 华生. 行为主义 [M]. 李维, 译. 杭州: 浙江教育出版社, 1998.

[46] 柏拉图. 理想国 [M]. 郭斌和, 张竹明, 译. 北京: 商务印书馆, 2010.

[47] 庞朴. 帛书五行篇研究 [M]. 济南: 齐鲁书社, 1988.

[48] 伯特兰·罗素. 伦理学和政治学中的人类社会 [M]. 黄红宇, 译. 上海: 上海译文出版社, 2017.

[49] G·墨菲. 近代心理学历史导引 [M]. 林方, 王景和, 译. 北京: 商务印书馆, 1980.

[50] 弗洛伊德. 精神分析引论 [M]. 张爱卿, 译. 南京: 江苏文艺出版社, 2010.

[51] 列维·斯特劳斯. 忧郁的热带 [M]. 王志明, 译. 北京: 生活·读书·新知三联书店, 2000.

[52] 威廉·詹姆斯. 宗教经验种种 [M]. 尚新建, 译. 北京: 华夏出版社, 2000.

[53] 列维·斯特劳斯. 结构人类学 [M]. 陆晓禾, 黄锡光, 等, 译. 北京: 文化艺术出版社, 1989.

[54] 列维·斯特劳斯. 野性的思维 [M]. 李幼蒸, 译. 北京: 商务印书馆, 1987.

[55] 弗洛伊德. 自我与本我: 弗洛伊德后期著作选 [M]. 张唤民, 陈伟奇, 译. 上海: 上海译文出版社, 1986.

[56] 詹·乔·弗雷泽. 金枝 [M]. 徐育新, 汪培基, 张泽石, 译. 北京: 大众文艺出版社, 1998.

[57] 弗洛伊德. 释梦 [M]. 孙名之, 译. 北京: 商务印书馆, 1996.

[58] 弗洛伊德. 集体心理学和自我的分析: 弗洛伊德后期著作选 [M]. 林尘, 译. 上海: 上海译文出版社, 1986.

[59] 亨利·柏格森. 创造进化论 [M]. 姜志辉, 译. 北京: 商务印书馆, 2004.

[60] 荣格. 荣格文集 [M]. 冯川, 苏克, 译. 北京: 改革出版社, 1997.

[61] 荣格. 寻求灵魂的现代人 [M]. 苏克, 译. 贵阳: 贵州人民出版社, 1987.

[62] 亚伯拉罕·马斯洛. 动机与人格 [M]. 许金声, 等, 译. 北京: 中国人民大学出版社, 2013.

[63] T·H·黎黑. 心理学史: 心理学思想的主要趋势 [M]. 刘恩久, 译. 上海: 上海译文出版社, 1990.

[64] 让–雅克·卢梭. 社会契约论 [M]. 黄卫锋, 译. 福州: 海峡文艺出版社, 2018.

[65] 尼科洛·马基雅维利. 君主论 [M]. 王伟, 译. 合肥: 安徽人民出版社, 2012.

[66]洛克.政府论[M].叶启芳,瞿菊农,译.北京:商务印书馆,1981.

[67]亚里士多德.形而上学[M].吴寿彭,译.北京:商务印书馆,2010.

[68]亚里士多德.物理学[M].张竹明,译.北京:商务印书馆,2011.

[69]阿瑟·爱丁顿.物理世界的本质[M].王文浩,译.北京:商务印书馆,2020.

[70]卡洛·罗韦利.时间的秩序[M].杨光,译.长沙:湖南科学技术出版社,2010.

[71]张卜天.质的量化与运动的量化:14世纪经院自然哲学的运动学初探[M].北京:北京大学出版社,2010.

[72]B·K·里德雷.时间、空间和万物[M].李泳,译.长沙:湖南科学技术出版社,2018.

[73]伯特兰·罗素.相对论ABC[M].李宁,译.南京:译林出版社,2016.

[74]史蒂芬·霍金.时间简史[M].许明贤,吴忠超,译.长沙:湖南科学技术出版社,2001.

[75]W·海森伯.物理学和哲学[M].范岱年,译.北京:商务印书馆,1981.

[76]张景中.数学与哲学[M].大连:大连理工大学出版社,2016.

[77]孔国平.中国数学思想史[M].南京:南京大学出版社,2015.

[78]J·F·斯科特.数学史[M].侯德润,张兰,译.南京:译林出版社,2014.

[79]安寿真.康托尔教你学数字的无限[M].王烨,译.合肥:黄山书社,2016.

[80]周·道本.康托的无穷的数学和哲学[M].郑毓信,刘晓力,编译.大连:大连理工大学出版社,2016.

[81]阿蒂亚.数学的统一性[M].袁向东,编译.大连:大连理工大学出版社,2014.

[82]钱宝琮.中国数学史[M].北京:科学出版社,1980.

[83]培根.新工具[M].许宝骙,译.北京:商务印书馆,2010.

[84]舍尔巴茨基.佛教逻辑[M].宋立道,舒晓炜,译.北京:商务印书馆,2017.

[85]杨树森.普通逻辑学[M].合肥:安徽大学出版社,2001.

[86]陈波.悖论研究[M].北京:北京大学出版社,2014.

后　记

　　前人有云，思想是心灵的冒险。笔者在追寻墨家失落的智慧，完成这段钩沉和振危的艰难旅程之后，那种劫后余生逃出生天的后怕，那种山重水复和柳暗花明紧紧交织造成的心理上的巨大冲击，久久挥之不去。"世界"是心造的，虽然或许有一些心以外的"存在"引诱甚至决定了这颗心，谁又能保证那些紧张和危险，那些发现和抢救，那些欣喜、满足和完结的感觉，不是这颗被愚钝、偏见和先入为主塞满的妄动之心自以为是的编排和设计，就像那些每天都在上演的真实活剧。

　　什么是真实，这本来就是墨家这样的思想者关心的一个重要问题，也是迄今为止人的认识并没有完美解决的问题，而什么是历史上真实的墨家和他们真正的思想，这一迫切的疑问只是抽象的哲学问题在现实世界众多具象中的一个。关于墨家的史料记载有多少真实？《墨子》文本有多少真实？后人对《墨子》和《墨经》的整理训诂又在多大程度上接近了真实？这些问题都没有定论，而作者讨论这种心灵的冒险到底有什么真实的意义，或者说有什么价值，几乎更是一个近于虚妄的问题。

不过，真实和价值是两个截然不同的哲学范畴。没有人敢轻易断言，自我甚至人类可以论断真实，但是每个人都可以评判和创造价值。就算有再多的批评指责这种思想上大胆的冒险，怀疑这本对《墨经》思想整理和发挥的书完全是自说自话，是没有可靠事实根据的揣测和臆断，都完全无损笔者心中认定《墨经》的价值。这样的笃定并不是纯粹的狂妄和幻想，它至少基于一个简单的事实：这次冒险，这趟似乎充满幻觉和不真实感的奇妙旅程，主要是在《墨经》的刺激下开始和完成的。像许多对传统思想心存仰慕，希望从中得到智慧启迪和人生教益的人一样，笔者也曾经广泛涉猎甚至埋头钻研那些据说代表前人智慧的各种经典，但是从来没有感受过这种独特的刺激和启迪。

这也是笔者对于思想价值的一个判断标准：思想的意义在于启发和引导，而不在于断言和宣教。对于一个注定要被历史滚滚车轮带向缥缈远方的思想者，奢望他可以留下什么永远正确的教谕福泽后人，这本身就是幼稚的表现。反而是那些对任何言论、事实、真理和教条常抱合理怀疑，常在观察、推测和言说的时候因为觉察到自己的无知而犹豫、保留甚至回避的态度，能够体现一个思想者的基本素质。不管是由于墨家自己的学问精神，还是因为几千年历史的造就和摆弄，今天《墨经》中那些残缺、含糊和语焉不详的论述，并不会稍损其价值。因为有一点非常明确,《墨经》关注的问题和国人习以为常的中国传统思想迥然不同,它代表了中国古人曾经具有的一种先进的思维方式,也是中国人在面对新的时代和生活方式时可以借鉴的一种思想和智慧。

说墨家的思想和传统的儒道法等不同,说他们的思维方式更加先进,完全是从社会历史的角度说的。也就是说,笔者认为儒、道、法家是人类历史上农业社会思想的代表,同时含有很多更早期原始社会的思想残余,而墨家是之后出现的以工商业为主导的社会形态的代表。墨家思想出自春秋战国时期曾经有过的工商业大发展,与欧洲近代工商业大发展时出现一大批影响近现代历史启蒙思想家的情形非常相似。这或许也是墨家思想在秦汉之后几乎消失的原因:其后两千年中国社会是一个以农业为主体的社会,工商业一直处于从属和被限制的地位。与欧洲的近代历史相比,或许也可以稍见墨家思想命运背后的秘密。

在西方,《墨经》的主要哲学思想,尤其是认识论、政治学等,最类似经验主义的代表洛克。关于洛克的思想,尤其是政治学在后来西方社会的影响,罗素在《西方哲学史》中如此评价:

> 洛克是哲学家里面最幸运的人。他本国的政权落入了和他抱同样政见的人的掌握,恰在这时候他完成了自己的理论哲学著作。在实践和理论

两方面，他主张的意见在以后许多年间是最有魄力威望的政治家和哲学家们所奉从的。他的政治学说，加上孟德斯鸠的发展，深深地留在美国宪法中，每逢总统和国会之间发生争论，就看得见这学说在起作用。英国宪法直到大约五十年前为止，拿他的学说作基础；1871年法国人所采订的那部宪法也如此。

罗素说英国的政权落入了和洛克抱有同样政见的人手里，恰在这时他完成了自己的理论著作，这样的描述容易被理解成有一种命运的巧合和播弄。但是在一个大的时空背景下来看待这种巧合，其实很容易发现某种思想发展的规律和必然性在起作用。显然，当时英国和欧陆社会的一个大背景就是工商业的兴起，是新兴的工商业生产方式开始超越农业，资本家和工人开始取代贵族和农民成为新社会的代表。在这样一个大背景下，具有工商业思维方式的一批人在社会中慢慢开始居于主导地位，当然就不是简单的巧合了。墨家和洛克命运的不同，归根结底或许还是两千年前中国社会工商业和农业力量对比与三四百年前欧洲工商业和农业力量对比的不同。关于当时中国社会这种力量对比在思想上直观的反映，最有代表性的莫过《盐铁论》一书。这本书翔实地纪录了两种力量和思想的一次大论战，论战的结果是工商业思维方式的完败，其主要人物，当时作为政府代表参加辩论的御史大夫桑弘羊不久之后就因为政治斗争而惨遭灭族。桑弘羊是中国历史上一个神秘的人物，他是汉武帝时主要的经济官员，在武帝旷日持久开边拓疆的时代大背景下，陆续主导推行了盐铁专营、平准均输、统一币制、税制改革等新经济政策。这些针对社会经济发展变化采取的新举措，在当时被视为离经叛道，遭到"贤良文学"们激烈的抨击。但这些政策在后世也或多或少被历朝历代所推行，其中的思想也早已为大多数人接受。然而，桑弘羊这个曾经如此新奇地搅动中国社会，并对后来中国政治经济实践产生事实上长久影响的人物，在《汉书》上却连专门传记都没有。这当然是独尊儒术后完全被儒家掌握的舆论和话语权体现在现实和思想中的另一个例子。

不过，就像有时候暂时蛰伏甚至消失的潮流，只要气候或者环境有所改变，自然又会相激相荡，重新汇合聚变甚至一发不可收拾，最终成为席卷一切的大潮一样，社会和时代的变化也会重新赋予那些曾经被误解、被打压、被忽视的思想新的生命力，使其再次发展成一种真正代表着时代，富有智慧的思想。很显然，在两千多后的今天，在社会的工业化和城市化已经轰轰烈烈地发生之时，这样的时代已经到来——一个墨者早已开始为之思考和奋斗的新时代。